JN416467

생명을 살리는 교회

| 인도자용 |

대한예수교장로회총회생명살리기운동10년위원회
대한예수교장로회총회산하연구단체협의 편

한국장로교출판사

생명을 살리는 교회

| 인도자용 |

초판인쇄 2010년 8월 20일
초판발행 2010년 8월 30일

편 집 인 **대한예수교장로회총회 생명살리기운동10년위원회**
주 소 110 - 470/서울 종로구 연지동 135
전 화 (02)745 - 4640 | 팩스 (02)6008 - 2982
홈페이지 www.pck.or.kr
펴 낸 이 채 형 욱
펴 낸 곳 **한국장로교출판사**
주 소 110 - 470/서울 종로구 연지동 135 한국교회100주년기념관(별관)
전 화 (02)741 - 4381 | 팩스 (02)741 - 7886
영 업 국 (031)944 - 4340 | 팩스 (031)944 - 2623
등 록 No.1 - 84(1951. 8. 3)

ISBN 978 - 89 - 398 - 0699 - 3 | Printed in Korea
값 5,000원

※ 이 출판물은 저작권법에 의해 보호를 받는 저작물이므로 무단전재와 무단복제를 할 수 없습니다.

* 이 책을 위하여 수고하신 분들

집 필 자 : 고용수, 김경인, 김옥순, 김형동, 김형민, 노영상, 이형기, 정원범, 조용훈, 차정식, 채은하, 황홍렬(가나다 순)
출판편집 : 오원택, 김은희, 김지수, 김보경

머리말

현 시대에 가장 주목받고 있는 사회적 관심사가 있다고 하면, 그것은 바로 "생명"일 것입니다. 인간의 생명을 위협하는 전쟁, 질병과 같은 사회적 문제, 환경오염과 생태계파괴와 같은 생태적 문제 등 생명의 보존을 위협하고 생명을 죽이는 문화가 현 지구촌의 현실이고, 지구생명공동체가 함께 극복해 가야 할 현실입니다. 이러한 문제는 사회적 관심사만이 아니라 또한 교회와 목회의 중요한 중심주제입니다.

우리 교단은 이러한 현실 상황에 대한 깊은 통찰을 바탕으로 지난 제87회 총회에서 '생명살리기운동10년' 을 선포하였습니다. '생명살리기운동10년' 은 생명신학을 기초로 하여 세상의 생명이신 그리스도, 인류의 소망이신 그리스도를 통해 이룩되는 하나님 나라, "하나님의 영광을 위하여 모든 피조물이 더불어 살아가는 지구생명공동체"를 만들어 가는 운동입니다.

이를 위해서 총회에서는 총회 산하 연구단체협의회를 만들고 '생명살리기운동10년' 의 신학적 기초와 목회적 방향을 제시하기 위하여 「하나님 나라와 생명살림」, 「하나님 나라와 생명목회」, 「하나님 나라와 생명살림 실천」을 발간하여 노회와 교회가 생명목회를 교회와 목회현장에서 실천할 수 있도록 지원하였습니다.

그리고 금번에 그 후속 작업으로 '생명살리기운동10년' 성경연구교재를 발간하게 되었습니다. 본 교재는 '생명살리기운동10년'을 교회의 현장에 확산시킬 수 있는 방법을 고민하면서 만들어졌습니다. 본 교재를 통하여 우리는 생명을 살리고자 하는 하나님의 마음이 성경 속에 얼마나 깊이 자리하고 있는지 알게 될 것입니다. 각 교회의 형편에 따라 꾸준하게 공부하여 생명을 살리고자 하는 하나님의 마음이 교단 산하 모든 교회와 성도들에게 널리 퍼지기를 바랍니다.

끝으로 본 교재를 발간하기 위해 애써 준 총회 생명살리기운동10년위원들과 좋은 글을 써 주신 집필자 여러분, 그리고 출판을 위해 애써 주신 한국장로교출판사 사장 채형욱 목사와 출판사 직원 여러분에게 감사를 드립니다.

2010년 8월

생명살리기운동10년위원장 김정서 목사

차례

1과

생 명

1과 생명

본문말씀 창세기 1 : 1~31, 시편 104 : 24

오늘의 말씀

"하나님이 자기 형상 곧 하나님의 형상대로 사람을 창조하시되 남자와 여자를 창조하시고 하나님이 그들에게 복을 주시며 하나님이 그들에게 이르시되 생육하고 번성하여 땅에 충만하라, 땅을 정복하라, 바다의 물고기와 하늘의 새와 땅에 움직이는 모든 생물을 다스리라 하시니라"(창 1 : 27－28).

수업목표 본 과를 통해서 인도자는 학습자에게

1. 생명의 개념을 명확히 알게 한다.
2. 자연 생태계의 파괴에 따른 생명의 심각한 위기를 깨닫게 한다.
3. 우주 생명을 관리하는 청지기로서 생명 살리기 운동에 적극 참여하도록 한다.

도움자료

장회익, 「삶과 온생명」(서울 : 솔, 1998).

레오나르도 보프, 김항섭 역, 「생태신학」(서울 : 가톨릭출판사, 1996).

대한예수교장로회총회 생명살리기운동10년위원회 편, 「하나님 나라와 생명목회」(서울 : 한국장로교출판사, 2007).

세상 바라보기

농업과학기술원 이완주 박사에 의하면, "식물도 음악을 감상할 줄 안다. 자기가 좋아하는 음악을 듣고 자란 식물은 더 잘 자라고…… 병에 대한 저항력이 높아질 뿐 아니라 채소나 열매의 맛도 좋고 여러 가지 생리적 활동도 우수해진다."라고 한다.

아래의 글은 1854년 미합중국 대통령이 보낸 백인 대표자들이 인디언 부족 추장에게 그의 부족이 전통적으로 살아온 땅을 팔 것을 제안했을 때 추장이 전한 답변 내용이다.

> "그대들은 어떻게 저 하늘이나 땅의 온기를 사고팔 수 있는가? 공기의 신선함과 반짝이는 물을 우리가 소유하고 있지도 않은데 어떻게 그것들을 팔 수 있다는 말인가? 우리에게는 이 땅의 빛나는 솔잎, 모래 기슭, 어두운 숲 속 안개, 맑게 노래하는 온갖 벌레들, 이 모두가 우리의 기억과 경험 속에는 신성한 것들이다. …… 우리는 땅의 한 부분이고, 땅은 우리의 한 부분이다. 향기로운 꽃은 우리의 자매이다. 사슴, 말, 큰 독수리, 이들은 우리의 형제들이다. 바위산 꼭대기, 풀의 수액, 조랑말과 인간의 체온 모두가 한 가족이다. …… 모를 일이다. 우리의 방식은 그대들과는 다르다. 백인의 도시에는 조용한 곳이 없다. 봄 잎새 날리는 소리나 벌레들의 날개 부딪히는 소리를 들을 곳이 없다. …… 쏙독새의 외로운 울음소리나 한밤중 못가에서 들리는 개구리 소리를 들을 수 없다면 삶에는 무엇이 남겠는가?"

1. 생명이 무엇인지 생각하면서 위의 내용을 중심으로 서로의 느낌을 나누어 봅시다.

생명이 무엇이냐고 물으면 주로 생물학에서 배운 대로 '살아 움직이는 것'

이라고 할 수 있을 것이다. 즉, '모든 생물체가 가진 어떤 것'이라고 할 수 있을 것이다. 그러나 생물체만 생명을 가진 것이 아니라 그 생물체를 구성하고 있는 세포에도 생명이 있다. 그러면 그 생명은 궁극적으로 그 세포 속에 있는 그 무엇이라고 말할 수 있는가? 그러나 그 세포만 따로 떼어 놓으면 그 생명은 곧 사라지고 만다. 그렇다면 그것을 생명이라 할 수 없을 것이다. 그러면 그 세포들이 모여서 어떤 생물체, 예컨대 나무나 개나 사람을 이룰 때 거기에 생명이 있어서 살아 움직이므로 세포들을 생명을 가진 최소단위로 말할 수 있을 것이다. 하지만 세포들을 따로 떼어 놓으면 죽는 것처럼, 그 생물체들도 따로 떼어 놓으면 죽어 버린다. 사람의 경우 혼자 살 수 없다. 뿐만 아니라 지구 위의 생명체들이 살아가기 위해서는 태양이 없어서는 안 된다. 햇빛을 받아서 식물들이 살고, 동물들이 그 식물들을 먹으며 살아간다.

이같이 생태계의 각종 생물들이 생명을 이어가는 모습을 관찰하면, 모든 생명체는 서로 의존하며 살아가는 생태계의 질서를 보게 된다. 예컨대, 식물은 탄소동화작용으로 태양에게서 받은 에너지를 축적하고, 동물은 이 식물을 먹이로 살아가고, 미생물은 식물과 동물의 배설물이나 시체를 분해함으로 살아간다. 이처럼 생태계는 서로 유기적으로 연결되어 순환적인 먹이사슬에 의해 하나의 커다란 '생명공동체'라는 관계의 그물망을 형성해서 생존한다. 생태학자 보프(Leonardo Boff)는 "생태학적 관점에서 보면, 존재하는 모든 것은 공존한다. 공존하는 모든 것은 모든 것을 포괄하는 무한한 관계망을 통해 생존한다. 어떤 것도 이 관계 밖에서는 존재하지 않는다. 모든 것은 모든 점에서 모든 것과 관련되어 있다."[1]라고 했다. 이 말은 곧 생명과 삶의 본질이 '관계성'이라는 것이다.

---

1. Leonardo Boff, 김항섭 역, 「생태신학」(서울 : 가톨릭출판사, 1996), p. 15.

서울대학교 장회익 명예교수는 이러한 생명구조를 '온생명' (global life)으로 표현하면서 '온생명'의 입장에서 살아 있는 모든 것은 모든 것과 생명의 관계를 맺고 있다고 한다. 이 생명의 관계를 상실하는 것은 생명을 포기하거나 생명을 잃는 것이며, 어느 것도 관계를 떠나서는 생명을 가질 수 없다고 했다.[2] 이같이 존재하는 생명은 적극적으로 관계에의 참여 속에서 자기의 정체성을 형성한다. 생물학자나 생태학자들의 관찰과 연구에 의하면, 생태계의 바른 관계의 질서는 경쟁과 투쟁, 지배와 착취의 관계가 아니라 나눔과 섬김, 그리고 돌봄의 관계로써 서로 의존하고 상부상조하는 사랑의 관계이다.

2. 지금 엄청난 자연의 파괴와 심각한 오염으로 지구촌의 생명이 중병에 걸려 있다고 염려합니다. 생태계가 현재 앓고 있는 병의 심각성에 대해 공감합니까? 우리 주변의 실제 문제를 떠올리면서 함께 나누어 봅시다. 병의 원인이 도대체 무엇이라고 생각하십니까? 그리고 인간의 생명에 미치는 영향도 함께 나누어 봅시다.

관련된 비유 이야기로 시작해 본다. 어떤 한 장님과 앉은뱅이가 마음을 합하여 살고 있었다. 장님은 앉은뱅이의 다리가 되고, 앉은뱅이는 장님의 눈이 되어 그들은 함께 살면서 일을 하여, 자신들이 얻은 소득을 똑같은 분량으로 나누어 가졌다. 그러던 중 어느 날, 눈 뜬 앉은뱅이의 마음에 욕심이 생겼다. 장님이 볼 수 없으므로 자기가 좀더 많은 소득을 취하여도 장님이 알아차리지 못할 것이라는 생각이 들어서 그때부터 장님에게 돌아갈 몫을 자기가 가로채서 배를 채우기 시작했다. 그러자 앉은뱅이는 점점 살이 찌고, 장님은 더욱 야위어만 갔다. 결국 극도로 야위어진 장님이 살찐 앉은뱅이를 업고 길을 가다가 함께 넘어져서 둘 다 일어설 수 없어 불행하게 되었다는 슬픈 이야기이다.

---

2. 장회익, 「삶과 온생명」(서울 : 솔, 1998), pp. 178－229.

이 비유 속의 두 사람은 서로의 부족한 것을 보완하여 함께 살아갈 때 그들의 생존이 가능했다. 사람과 자연의 관계가 바로 장님과 앉은뱅이의 관계이다. 서로 주고받는 관계로 지음을 받았다. 그런데 사람들은 자연을 공동체의 한 부분으로 이해하지 않고, 오직 사람의 생존을 위해 모든 것을 공급하는 도구로만 잘못 인식하였던 것이다. 그래서 인간의 탐욕을 위해 함부로 개발하여 착취했다. 그 결과 환경이 오염되고, 자원이 고갈상태에 이르고, 자연 생태계가 파괴되어 온갖 재앙이 인간에게 쏟아지게 되었다. 성경에서 말하는 생명은 단순한 생물학적 생명만을 말하지 않고, 하나님의 창조세계 전체가 갖는 생명을 뜻한다. 즉, 하나님과 인간과 자연은 서로 따로 존재하는 생명체가 아니라 상호 유기적인 관계로 연결되어 있는 하나의 생명공동체이다.

세상에서 성경으로

우리는 지금 생태계의 신음소리를 들으면서 생명에 대한 새로운 인식을 가질 필요가 있다. 본문 시편 104편에 의하면, 하나님이 인간의 생명을 창조하신 것처럼 모든 생물도 친히 만드셨음을 강조한다. 그리고 인간과 자연이 어우러져 살도록 하나님께서 세계를 지으셨음을 노래하고 있다.

"여호와여 주께서 하신 일이 어찌 그리 많은지요 주께서 지혜로 그들을 다 지으셨으니 주께서 지으신 것들이 땅에 가득하니이다"(시 104 : 24).

하나님이 창조하신 만물 가운데 인간을 특별하게 지으셨음을 창세기 1장을 통해 우리는 알 수 있다.

"하나님이 이르시되 우리의 형상을 따라 우리의 모양대로 우리가 사람을 만들고 그들로 바다의 물고기와 하늘의 새와 가축과 온 땅과 땅에 기는 모든 것을 다스리게 하자 하시고"(창 1 : 26).

1. 창세기 1장에서 인간을 다른 생물체와 구별되게 지으신 독특성은 무엇입니까?

풀과 씨 맺는 채소와 열매 맺는 나무들은 모두 "각기 종류대로"(창 1 : 11), 그리고 큰 바다 짐승들과 물에서 번성하는 모든 생물들, 그리고 날개 있는 모든 새들도 "그 종류대로"(창 1 : 21), 땅의 짐승들과 가축들도 모두 "그 종류대로"(창 1 : 25) 하나님께서 지었는데 반해, 유독 사람만은 "하나님의 형상대로"(창 1 : 26-27) 지으셨다. 다시 말하면, 사람을 사람처럼 지으시지 않고 '하나님처럼, 하나님을 닮은 존귀한 존재'로 지으셨다는 것이다. 이같이 인간이 하나님의 형상을 따라 창조되었다는 것은 하나님을 대신하여 책임과 특권이 있음을 뜻한다.

하나님께서 인간을 지으신 후, 인간에게 다음과 같은 책임을 주셨다.

"하나님이 그들에게 복을 주시며 하나님이 그들에게 이르시되 생육하고 번성하여 땅에 충만하라, 땅을 정복하라, 바다의 물고기와 하늘의 새와 땅에 움직이는 모든 생물을 다스리라 하시니라"(창 1 : 28).

2. 인간에게 맡기신 책임은 무엇입니까? 서로 나누어 봅시다.

하나님은 인간에게 땅을 "정복하고" 모든 생물(동식물)을 "다스리라"고 책임을 주셨다. 위의 구절에서 항상 문제되는 것은 "정복하라"는 말씀이다. '정복'이란 말 때문에 자연을 착취하게 되었다고 흔히 말한다. 그러나 전체적인 문맥을 보면 이 말이 결코 자연을 착취하는 것과는 아무런 상관이 없음을 알 수 있다. 여기서 말하는 '정복'의 개념은 목자의 역할과 관련 있는 것으로, 목자들이 양 떼를 돌보는 것처럼 이 땅을 돌보라는 뜻으로 해석된다. "다스리라"는 말의 개념도 '지배하다', '통치하다'라는 뜻보다는 '섬긴다'라는 뜻으로 해석하는 것이 기독교적이라 할 수 있다. 그러므로 하나님께서 인간에게 모든 생물들을 다스리도록 하신 것은 바로 그들의 생명이 원활하게 순환되도록 섬기라는 뜻이다. 인간이 하나님께로부터 위임받았지만, 그 통치는 지배나 정복이 아닌 '돌봄'이며, '섬김'을 의미한다. 그래서 사람은 누구나 다른 사람의 생명을 존중하고 사랑하여야 하며, 동시에 동식물과 자연을 사랑으로 돌보고 가꾸어야 할 책임을 지닌다.

역사를 통해 볼 때 하나님께서 인간에게 맡기신 책임을 인간들이 어떻게 감당해 오고 있는가? 로마서 8 : 22에 보면, "피조물이 다 이제까지 함께 탄식하며 함께 고통을 겪고 있는 것을 우리가 아느니라"라고 기록하고 있다. 이 말씀을 보면, 인간이 창조주 하나님께서 주신 책임을 제대로 잘 감당해 오고 있지 못함을 알 수 있다.

3. 인간이 하나님께서 주신 책임을 제대로 감당하지 못하는 이유는 무엇입니까? 서로 의견을 나누어 봅시다.

서울대학교 장회익 물리학 명예교수가 "우주 생명과 현대인의 암세포 기능"이라는 아래의 논문에서 지적한 문제 진단이 우리에게 해답의 실마리를 주고 있다. 과학자가 진단한 다음의 문제 제기는 우리로 하여금 성경적으로 해답을 찾는 데 큰 도움을 준다. 아래의 내용을 읽은 후, 서로의 의견을 함께 나누어 보자.

"우주적 생명에 있어서 인간이 가장 뛰어난 자리에 오르게 되었다. 우주 생명에 있어서 두뇌 역할을 하는 것이 바로 인간이라는 것이다. 그런데 문제는 중요한 역할을 담당해야 할 인간이 암세포적 존재가 되었다는 데 있다. 암세포란 내 몸 안에서 생겨난 것으로, 이 세포가 무슨 이유인지 자기의 위치 또는 자기의 기능에 대한 정보를 잃어버린 것이다. 다른 기능은 다 정상이어서 세포분열도 하고 번식도 왕성하게 잘한다. 문제는 자기가 전체 신체조직 속에서 해야 할 역할에 대한 정보를 잃어버렸다는 데 있다. 주변의 여러 조건을 생각하면 번식을 하지 말아야 하는데, 자기 기능을 잃어버린 암세포는 아무 때나 막 번식한다. 그런데 그 번식된 세포가 역시 똑같이 기능을 잃어버린 세포이기 때문에 그 역시 또 막 번식해서 그 주변에서 혹이 생겨나게 된다. 뿐만 아니라 이 암세포는 살기 좋은 데를 찾아서 이동하기 때문에 암이 온몸에 퍼져 나가게 된다. 우리 인간이 바로 이런 암세포처럼 우주 생명(온생명) 속에서 자기가 있어야 할 자리, 자기가 감당해야 할 기능을 잃어버리고 자기 번영을 위해서 자연을 파괴하면서까지 마구 발전하기 시작했다. 결국 우주 생명공동체에 있어 인간의 과학과 문명이 너무 극대화되면서 균형이 깨어지기 시작했다. 이 때문에 다른 부분들이 손상되고 있는 것이다."

장 교수는 이같이 알 수 없는 원인에 의해 세포가 손상을 입는 것처럼, 인간들의 정신활동도 손상되었다고 보았다. 그러나 성경은 바로 그것이 하나님을 떠나(창 3 : 22－24) 타락한 인간의 '죄' 때문임을 분명히 말하고 있다(롬 3 : 23, 7 : 19－23). 따라서 이 죄를 없애지 않고는 이 전체 생명공동체가 건강을 회복하기 어렵다(표준새번역성경 창세기 2장에 보면, "주 하나님이 땅의 흙으로 사람을 지으시고, 그의 코에 생명의 기운을 불어넣으시니, 사람이 생명체가 되었다."라고 기록되어 있다. 여기서 '생명체'〈living soul〉란 사람이 '살아 움직이는 영' 이라는 뜻이다. 하나님께서 불어넣으신 '생명의 기운' 과 '흙' 은 인간을 구성하는 요소로써, 흙으로 만들어진 육체란 결국 생명의 근원이신 하나님과 연결되어 그가 부어 주시는 생명의 기운을 받을 때 비로소 온전한 사람이 된다). 그러나 장 교수는 그 치료방법에 대해서 제시해 주지 못하고 있어 과학자의 한계를 보여 준다.

이 한계를 넘어서려면 창조주 하나님을 만나야 하고, 그가 보내신 예수 그리스도의 구원의 의미를 깨달아야 할 것이다. 예수 그리스도는 바로 이 인간의 죄를 대속하고, 죽음에서 건지기 위해 친히 십자가를 지셨다. 그리고 부활하셔서 '생명의 주' (요 1 : 1－4)요, 친히 '길' (요 14 : 6)이 되셔서 우리가 잃어버린 정보를 되찾아 주셨다. 이같이 예수님은 영원하고 풍성한 생명을 주러 이 땅에 오셨다(요 3 : 16, 10 : 10). 그러므로 이제 우리가 '생명의 주' 이신 예수님을 믿으면 '영원한 생명' 을 얻게 되고, '생명의 영' 이신 성령의 인도하심을 따라 잃어버렸던 본래의 자기 기능을 되찾게 된다. 이것이 기독교가 말하는 '생명의 복음' 이다. '생명의 복음' 에 대해 참고자료를 아래와 같이 요약해서 정리해 본다.

 # 참고자료 : "생명의 복음"

하나님께서는 창조의 완성 후 보시기에 그토록 좋았던 아름다운 '샬롬' 의 보전을 위해 인간에게 관리자로서 책임을 주셨다(창 1 : 26－28). 그러나 불행하게도 인간이 하나님의 계명을 불순종한 죄로 인해 하나님을 떠나 자기중심적이고 이기적인 실존의 상태로 타락하면서 존재의 본질적 요소(영원한 생명)를 잃게 되었고, 그 결과 영원한 생명으로 나아가는 길의 차단, 곧 성경이 말하는 죽음에 이르게 되었다.[3]

그러나 하나님은 생명을 사랑하시되 끝까지 사랑하셔서 생명을 다시 살리는 작업을 성자 예수님을 통해 이루셨다. 성육신하신 예수님께서 공생애 사역 직전에 요단강에서 세례를 받으실 때 하나님의 성령이 성자 예

3. 신학자 폴 틸리히(Paul Tillich)는 인간을 죽음에 이르게 한 죄의 개념을 '소외' (estrangement)로 보았다. 틸리히는 하나님으로부터 등진 상태인 불신앙으로부터 비롯된 소외현상을 1) 존재 간의 불화 내지는 이간 상태, 2) 자신의 유한성을 인정하지 않고 자신을 세계의 중심으로 삼는 교만, 3) 그리고 무한한 욕망(탐욕) 등의 세 가지 특징으로 보면서 '소외' 가 인간을 생명이 아닌 죽음으로 이끈다고 보았다(김영선, 「생명과 죽음」〈서울 : 다산글방, 2002〉, pp. 74－75에서 재인용).

수님께 임했고(눅 3 : 22), 그를 통해 역사 속에 실제로 작용하는 실재를 드러내셨다. 예수님의 사역은 '생명이 풍성한 삶'(요 10 : 10), 곧 총체적 차원에서 사랑과 정의가 강같이 흐르는 샬롬 공동체의 삶이었다. 이는 곧 구속과 치유와 자유함을 주는 은혜의 행위로 나타났는데, 이 사역의 결정적 증표가 성자 예수님의 '십자가 부활'이라는 역사적 사건이다. 인간의 생명을 죽음으로 몰고 가는 죄의 뿌리가 창조주 하나님으로부터의 이탈, 곧 관계의 단절에서 비롯되었다면, 성자 예수님의 사역의 중심은 한마디로 죄로 인해 단절된 관계(죽음)의 회복이었다. 즉, 하나님과의 영적인 관계, 인간과의 사회적인 관계, 그리고 자연 만물과의 생태적 관계의 온전함(샬롬)의 회복을 위해 자기희생을 통한 '생명 살리기' 사역이 예수님의 공생애의 목표였고, 그 사역의 완성을 십자가를 통해 이루신 것이다. 그래서 기독교의 생명 살림의 복음은 예수님이 지신 십자가의 진리에 기초하고 있다.

십자가가 수직적으로 인간을 향한 하나님의 사랑의 관계 회복(하나님과의 화해)이라면, 수평적으로는 인류와 세계를 향한 사랑(화해)의 표지이다(엡 2 : 14－18). 십자가의 역사적 사건은 생명(조에)을 주고 더 풍성하게 하려는 하나님의 신비로운 진리를 증언해 주고 있다. 예수님의 십자가는 그의 부활과 연결 지을 때 '죽으면 산다.'라는 생명의 역설적 진리를 드러내고 있다(마 16 : 25). 생명은 줌으로써 얻고, 영생(조에)은 타자를 위해 자신의 목숨(프쉬케)을 내어 줌으로써 더 풍성한 생명(조에)을 얻게 된다(요 12 : 25). 사랑에 근거한 '자기희생'과 '자기 비움'의 상징인 십자가를 통해 인간은 '자기중심성'의 울타리를 벗어날 수 있고, 영원한 생명을 얻을 수 있다. 따라서 십자가는 진정한 '생명 살림'의 길을 밝히 보여 주고 있다.

한 율법교사가 예수님께 와서 '영생 얻는 길'에 대해 물었다(눅 10 : 25). 예수님은 십계명의 근본정신을 따르는 것이 영원한 생명을 얻는 길임을 제시하셨다. 예수님의 답변은 '하나님을 사랑하고 이웃을 사랑함'이 곧 영생의 기반이 된다는 것이었다(눅 10 : 27, 마 22 : 36－40).

삼위일체 하나님은 인간의 생명뿐 아니라 모든 생명체를 사랑하신다. 성부 하나님께서는 세상(cosmos)을 그토록 사랑하셔서 그의 독생자를 보내 주셨고(요 3 : 16), 성자 예수님은 십자가와 부활을 통해 모든 인류와 세상을 향해서 화해의 길을 열어 주셨다. 그리고 성령을 보내셔서 인간의 생명뿐만 아니라 모든 생명들을 사랑의 끈으로 연결시키고, 상호 의존하게 하신다. 하나님은 오늘의 정치, 경제, 사회, 문화가 사랑과 정의의 샬롬 공동체가 되기를 바라실 뿐만 아니라, 지구 생명공동체 전체가 정의롭고 평화롭게 공생, 공존하기를 갈망하신다. 이것이 삼위일체 하나님이 원하시는 풍성한 생명이요, 풍성한 삶이다(고용수, "교육과 생명목회," 대한예수교장로회총회 생명살리기운동10년위원회 편, 「하나님 나라와 생명목회」, pp. 349 - 350).

성경에서 실천으로

21세기 인류가 몸담고 있는 지구촌의 삶의 현장은 한마디로 생명의 심각한 위협에 직면해 있다. 인종 간의 갈등, 폭력과 테러, 전쟁, 그리고 지진, 화산 폭발, 엘리뇨 현상 등 천재지변으로 인해 해마다 수많은 생명이 죽어 간다. 절대빈곤으로 인한 굶주림, 질병으로 인한 죽음, 마약, 매매춘, 에이즈, 자살, 낙태 풍조 등의 생명 죽이기 문화가 인간의 생명을 파멸로 몰아간다. 인터넷 사이버 공간은 통제되지 않은 새로운 생명 죽이기 문화를 부추긴다. 생명공학의 발달은 유전자의 조작과 생명 복제로 인해 생명윤리의 기반을 흔들고 있다. 성차별, 인종차별, 세대 간의 갈등에서 야기되는 인권유린과 침해가 날로 증가하고 있다.

'개발' 이라는 그럴 듯한 명분을 내세워 자행되는 자연 생태계의 무분별한 파괴와 '핵실험' 은 대기의 온난화, 오존층 파괴, 공기오염, 수질오염,

환경오염 등을 가속화시키고 있으며, 급기야 전 지구적 생태계를 위협해 오면서 생명체들을 멸종 위기로 몰아가고 있다. 그리고 '세계화'의 그럴듯한 포장 속에 모든 것이 상품화되어 인간 생명의 존엄성이 여러 모양으로 짓밟히고 있다. 한마디로 지구 생명공동체의 현주소는 생명경시, 생명파괴, 생명조작으로 얼룩져 있다.

본 교단에서는 21세기 첫 10년(2002–2012년)을 생명을 살리는 해로 정하고 "생명을 살립시다"라는 표어 아래 다음 10가지 목표를 세워 전개하고 있다. 교회 구성원으로서 그리스도인들이 실천해야 할 지침으로 삼고, 우리와 우리가 속한 공동체가 현재 할 수 있는 일이 무엇인지 살펴서 체크한 후, 구체적인 계획을 세워 함께 적극적으로 참여하자.

1. 예수 그리스도의 구원을 만인에게 전파하라.
2. 자연을 내 몸처럼 아끼고 사랑하라.
3. 교회를 새롭게 하고 하나 되는 일에 힘써라.
4. 북한 동포와 함께 조국의 평화통일을 이룩하는 일에 적극 참여하라.
5. 고난당하는 이웃과 함께 의롭게 살아가라.
6. 가난한 이웃과 함께 나누며 섬기는 삶을 살아가라.
7. 장애를 가진 이웃과 함께 살아가라.
8. 청소년의 꿈을 함께 가꾸고 이루어 가라.
9. 서로 마음의 문을 열고 대화하는 문화를 건설하라.
10. 생명을 존중하고 생명을 살리는 문화를 건설하는 일에 솔선수범하라.

2과

생명공동체로서의 교회

2과 생명공동체로서의 교회

본문말씀 창세기 1~2, 요한계시록 21 : 1~7

오늘의 말씀

"또 내가 새 하늘과 새 땅을 보니 처음 하늘과 처음 땅이 없어졌고 바다도 다시 있지 않더라 또 내가 보매 거룩한 성 새 예루살렘이 하나님께로부터 하늘에서 내려오니 그 준비한 것이 신부가 남편을 위하여 단장한 것 같더라 내가 들으니 보좌에서 큰 음성이 나서 이르되 보라 하나님의 장막이 사람들과 함께 있으매 하나님이 그들과 함께 계시리니 그들은 하나님의 백성이 되고 하나님은 친히 그들과 함께 계셔서 모든 눈물을 그 눈에서 닦아 주시니 다시는 사망이 없고 애통하는 것이나 곡하는 것이나 아픈 것이 다시 있지 아니하리니 처음 것들이 다 지나갔음이러라 보좌에 앉으신 이가 이르시되 보라 내가 만물을 새롭게 하노라 하시고 또 이르시되 이 말은 신실하고 참되니 기록하라 하시고 또 내게 말씀하시되 이루었도다 나는 알파와 오메가요 처음과 마지막이라 내가 생명수 샘물을 목마른 자에게 값없이 주리니 이기는 자는 이것들을 상속으로 받으리라 나는 그의 하나님이 되고 그는 내 아들이 되리라"(계 21 : 1–7).

수업목표 본 과를 통해서 인도자는 학습자에게

1. 타락 전 에덴동산이 하나님과 인간과 만물이 함께 어우러져 사는 생명공동체였음을 알게 한다.

2. 하지만 인류의 타락으로 생명공동체가 얼마나 파괴되었는지 깨닫게 한다.
3. 그럼에도 불구하고 하나님께서는 세상을 사랑하셔서 이스라엘과 교회를 생명공동체로 선택하시고, 이들을 통하여 새 하늘과 새 땅에서 완성될 생명공동체를 이 땅 위에서 앞당겨 실현하게 하신다는 사실을 배우게 하고 이 일에 적극 참여하도록 한다.

도움자료

이형기, "생명살리기운동10년의 신학적 방향과 비전," 대한예수교장로회총회 생명살리기운동10년위원회 편, 「하나님 나라와 생명」(서울 : 한국장로교출판사, 2005), pp. 15 - 65.

_____, "하나님 나라와 생명공동체로서의 교회," 대한예수교장로회총회 생명살리기운동10년위원회 편, 「하나님 나라와 생명목회」(서울 : 한국장로교출판사, 2007), pp. 86 - 106.

세상 바라보기

빈익빈 부익부 : 2009년 5월 4일자 「조선일보」 제1면은 "빈부격차 사상 최대"라고 하는 제목하에 다음과 같이 적고 있다.

> 글로벌 경제위기를 계기로 불황이 깊어지면서 빈부격차가 급격히 심화되고 있다. 수많은 중산층이 빈곤층으로 추락하고 더 가난해지고 있다. 3일 본지가 통계청 자료를 분석한 결과 올 1분기 전국 가구(2인 이상) 중 하위 20% 소득계층의 월평균 소득은 85만 6,000원으로 1년 전보다 5.1% 줄었다. 반면 상위 20% 계층 소득은 742만 5,000원으로 1.1% 증가했다. ……

(중략) …… 변용찬 한국보건사회연구원 연구기획실장은 "경기침체로 빈곤층으로 추락하는 '위기계층'이 크게 늘고 있다."라며 "위기계층의 급증은 소득 양극화 현상을 심화시켜 사회갈등을 더 부추길 수 있다."라고 경고하였다.

1. '빈익빈 부익부' 현상은 왜 일어납니까? 그것이 다만 개인의 능력과 주어진 환경 때문입니까?

물론 개인도 어떤 직업을 얻기 위하여 부지런하고 성실하게 모든 노력을 하지 않으면 안 되겠으나, 그것은 사회경제적인 구조와 정치적인 구조에 맞물린 문제이기도 할 것이다. 그러므로 우리나라의 경제위기는 단순히 미국발로 일어난 경기침체의 결과만은 아니다. 그것은 좀더 구조적인 차원의 문제이다. 1989~1990년 공산 동구권의 해체와 공산 구소련 연방의 붕괴 이후 가속화된 '신자유주의'의 글로벌화와 '정보기술'(Information technology)의 혁명으로 인한 양극화와 주변화라고 하는 구조적인 문제에 세계적인 경기침체가 더 얹어진 것이다.

환경파괴와 생명파괴로 인한 종의 축소 : 조용훈은 종의 다양성 감소에 대하여 아래와 같은 데이터를 제시하였다.

현재 지구상의 생물 종의 수가 얼마나 되는지 정확히 추측할 수 없지만 대략 3천만 종(種) 정도로 추정되고 있다. 그 가운데 약 200만 종 정도가 파악되고 있는데, 그중 75만 종이 곤충이고, 4만 1천 종이 척추동물이고, 25만 종이 식물이라고 한다. 하지만 인구와 경제활동의 급속한 증가로 생물 종의 다양성이 빠른 속도로 감소하고 있다. 열대림과 기타 서식처의 파괴로 인해 세계적으로 매일 최소한 140종의 동식물이 사라지고 있으며, 1년에 최소한 5만 종이 멸종하고 있다. 앞으로 멸종 속도는 더욱 빨라

져서 20년 안에 전체 생물 종의 5분의 1 정도가 사라질 것으로 전망되고 있다.[1]

2. 오늘날 우리 주변에서 환경파괴와 종의 다양성 소멸이 왜 일어납니까?

산업화와 도시화, 자본주의와 신자본주의, 개발과 소비지향적 삶의 방식은 오늘날 우리의 지구 자원을 고갈시키고, 환경파괴와 생태계파괴로 인한 종의 축소를 초래하였다. 무엇보다도 신자유주의의 글로벌 개발과 무한성장 이론은 향후 창조세계를 파괴하는 가장 큰 요인이 될 것이다. 오늘날 우리가 살고 있는 지구는 이산화탄소로 인하여 온실가스와 지구온난화에 직면해 있고, 이로 인하여 북극과 남극의 빙하가 녹아 내려 해수면이 상승하고 있음을 눈으로 보고 있다.

다문화시대의 정체성과 공동체성 : 방금 언급한 생태계파괴와 생명파괴가 주로 "신자유주의"로 인한 것인 것처럼, 오늘날 지구적 빈익빈 부익부의 상황에서 주변화된 나라의 사람들이 좀더 잘사는 나라로 이민을 떠나는 상황에서 다문화 사회가 세계 도처에서 생겨나고 있다. 직장을 찾아서 안산시로 모여든 이주노동자들을 목양하며 섬기고 있는 박천응은 외국인 인구 이동에 대하여 다음과 같이 언급하였다.

> 시민의 80%는 원주민이 아닌 외지인이다. 생계와 직장을 따라 이주한 사람들로서 안산이 고향이 아닌 사람들이다.

1. 조용훈, "생태위기와 환경선교," 참된 평화 만드는 사람들 편저, 「신자유주의 시대, 평화와 생명선교」(서울 : 도서출판 동연, 2009), pp. 185-186.

안산시 원곡본동의 경우 2004년 말 기준 인구수는 11,822명이다. 지난 2002년 3월 25일부터 5월 25일까지 불법체류자 자진신고를 통해 조사한 내용을 보면 안산시 원곡동 전체에는 외국인 15,279명이 거주하는 것으로 밝혀졌다. 원곡동에 인구가 가장 많던 1996년 인구가 34,000명가량 되었다. 그동안 고시원 등의 주거시설이 증가한 것을 고려하면, 2만 명 정도의 이주노동자가 원곡동에 거주한다고 보아도 무방하다.[2]

3. 오늘날 정체성과 다름(성, 나이, 인종, 종족, 종교, 나라), 그리고 공동체성 추구가 왜 이슈로 떠오릅니까?

오늘날 포스트모더니즘의 흐름 속에서 성, 나이, 인종, 종족, 종교, 나라에 의한 자기 정체성이 부각되고 다양성이 높은 가치로 등장하면서, 이로 인한 사회문화적 갈등이 심화되고 있기 때문에 교회들 역시 이와 같은 상황으로부터 자유롭지 못한 것으로 보인다.

4. 오늘날 인류공동체는 어떤 의미에서 진정한 생명공동체가 아닙니까?

이상에서 제시한 3가지 21세기 지구화의 상황은 파괴되어 가는 생명공동체일 것이다. 그도 그럴 것이 하나님과 인류와 자연, 인간과 인간, 개인과 사회, 인간과 자연이 결코 조화롭게 살아가고 있는 공동체가 아니기 때문이다. '생명'이란 이 모든 것이 바른 관계 속에서 소통하고 코이노니아를 누리는 것인데, 오늘 우리의 세계는 결코 바른 관계 속에서 살아가고 있는 샬롬의 생명공동체가 아니다. 이와 같은 21세기 상황에서 우리는 '생명공동체로서 에덴동산'을 동경하고, '새 하늘과 새 땅'(계 21-22장)을 희망하고 고대해야 할 것이다.

---

2. 박천응, 「이주민 신학과 국경 없는 마을 실천」(안산 : 국경없는 마을, 2006), pp. 38-39.

세상에서 성경으로

생명공동체로서의 에덴동산

타락 전의 세계는 생명이 넘치는 우주적 공동체였다. 창조주 아버지 하나님께서는 창조의 중보자이신 예수 그리스도를 통하여 성령 안에서 하늘과 땅을 창조하셨다(창 1 : 1). 여기에서 하늘은 은하수와 태양과 달이 떠 있는 천체물리학적 차원 이상의 그 무엇이다. 아버지 하나님께서 세상을 그렇게 사랑하시어 장차 이 하늘로부터 그의 아들을 세상으로 파송하시고, 그의 아들이 부활, 승천하여 다시 아버지 우편에 앉으신 그와 같은 하늘이다. 그리고 "빛이 있으라 하시매 빛이 있었고"(창 1 : 3)에서 빛은 다만 별들과 태양의 빛과 같은 물리학적인 빛만이 아니라 장차 우리를 기다리고 있는 빛(요일 1 : 5-7)과 생명(요일 1 : 2)의 세계인 하나님 나라를 가리키고, 창조된 천사들이 참빛이신 하나님의 아들을 통하여 성령 안에서 창조주 하나님 아버지께 찬양을 올리는 세계를 말한다(아우구스티누스).

그런데 하나님께서는 무생물들과 식물들과 동물들을 지으시고, 그 가운데 인간이 피조물들과 하나님과 바른 관계 속에서 살도록 하셨다(창 1 : 26-31). 즉, 하나님께서는 인간에게 복을 주시며, "생육하고 번성하여 땅에 충만하여라. 땅을 정복하여라. 바다의 고기와 공중의 새와 땅 위에서 살아 움직이는 모든 생물을 다스려라"(창 1 : 28, 표준새번역성경)라고 하신 것이다. 그리고 하나님께서는 모든 것을 창조하시고 그것을 보시며 "보시기에 좋았더라."라고 하셨고, 인간을 창조하시어 인간에게 창조적 문화 명령을 위탁하신 직후에는 "보시기에 심히 좋았더라"(창 1 : 31)라고 하셨다. 이는 만유가 성령이 충만한 세계임을 말한다. 이는 다름 아니라 "……하나님이 만유의 주로서 만유 안에 계시려 하심이라"(고전 15 : 28)라고 하는 새 하늘과 새 땅의 충만한 모습을 가리키고 있다. 이상은 하나님과 인간과 모든 피조물들이 함께 어우러져 사는 에덴의 샬롬 생명공동체이다.

타락으로 파괴된 생명공동체

하지만 인간은 이상과 같은 하나님의 크신 은혜를 망각하고, 피조물로서의 자기 한계와 자기 목적을 지키지 못하고 하나님의 주권을 침해하여 하나님의 저주와 심판을 받았다. 그럼에도 불구하고 사랑과 자비의 하나님께서는 그의 형상으로 지음 받은 인간이 결혼을 통하여 가정을 창출해 내고, 생육하고 번성하면서 육체노동이든 정신노동이든 땀 흘려 문화를 창조해 내며(창 2 : 17－21), 공동체를 형성하고(창 4 : 17－26), 땅과 우주만물을 다스리고 관리하며, 생명체들을 귀하게 여기도록 하셨다(창 9 : 1－7).

에덴동산으로부터 축출당한 인간(가인)은 형제(아벨)와 이웃에 대한 폭력과 살인의 역사를 펼쳤고, 가인의 후손들은 타락한 도시문명을 창출해 냈다(창 4 : 19－24). 이로써 인간과 인간 사이, 인간과 자연 사이, 그리고 인간과 자연과 하나님 사이의 샬롬의 생명공동체는 치명적인 상처를 입었다. 이것이 다름 아닌 오늘 우리가 살고 있는 세상이다.

생명공동체 회복의 역사

그러나 자비와 사랑의 하나님께서는 이상과 같이 저주와 심판하에 있는 인류공동체와 창조세계를 그냥 버리지 않으시고, 셋과 에노스와 그 후손들을 주시어 인류의 명맥을 잇게 하셨다(창 4 : 25－26, 5 : 1－31). 그리고 노아 시대에 인류의 죄가 극에 달하여 저주와 심판을 내리심에도 불구하고 노아의 식구들을 구원하셨고, 무지개 언약을 통하여 창조세계의 보전을 계시하시고 약속하셨다. 또한 하나님께서는 인간의 교만이 하나님의 보좌를 찌를 정도로 심해지자 인류에게 언어와 문화의 소통을 어렵게 하셨다. 그럼에도 불구하고 샬롬의 생명공동체 회복을 위하여 아브라함을 부르시어 이스라엘의 구원과 이스라엘을 통한 인류구원을 계시하시고 약속하셨다(창 12 : 1－3). "믿음으로 아브라함은 부르심을 받았을 때에 순종하여 장래의 유업으로 받을 땅에 나아갈새…… 이는 그가 하나님이 계획하시고 지으실 터가 있는 성(城)을 바랐음이라"(히 11 : 8, 10). 비록 아브라함에게 주어진 하나님의 약속(창 12 : 2－3)은 예수 그리스도와 성령강림을 통하여 이루어졌고, 새 하늘 새 땅에서 온전히 이루어질 것이지만 말이다.

하나님께서는 갈대아 우르에서 아브라함을 "출애굽"(exodus)시키시고, 가나안을 정복하게 하심으로 이스라엘로 하여금 샬롬의 생명공동체인 하나님 나라에 대한 약속(희망)을 바라보고 나아가게 하셨다. 이사야는 바벨론 포로라고 하는 고난의 역사 속에서 새 하늘과 새 땅을 희망하였으니, 이는 그 당시나 지금이나 이스라엘과 교회가 바라보아야 할 샬롬의 생명공동체일 것이다(사 11 : 1-9, 65 : 17-25). 그러므로 하나님과 인간과 모든 생물체들과 창조세계가 샬롬을 누리는 이사야의 새 하늘과 새 땅에 대한 비전은 예수 그리스도의 하나님 나라 선포와 그의 십자가와 부활을 통하여 더욱 분명하게 계시되고 다시 약속되었다. 성경은 우리가 단순히 에덴동산으로의 복귀가 아니라 이와 같은 미래의 하나님 나라를 희망하게 한다. 예수 그리스도께서 보여 주시고 약속하신 하나님 나라는 이사야 11 : 1~9과 65 : 17~25에서 말씀하는 것과 다르지 않다. 바로 이 미래 종말론적인 하나님 나라는 인류와 모든 피조물들이 "오직 성령 안에 있는 의와 평강과 희락"(롬 14 : 17)을 누리는 샬롬의 생명공동체일 것이다.

사도신경이 성부, 성자, 그리고 성령에 대해서 고백한 다음 교회에 대해서 고백하는 것은 결코 우연이 아니다. 교회는 성령을 통하여 샬롬의 생명공동체를 바라보면서 그것을 역사와 우주만물 속에 구현하시는 삼위일체 하나님의 선교에 동참하고 있는 것이다. 교회는 성령의 지도하에서 '하나님의 선교'의 대행자이다. 결국 삼위일체 하나님과 인류 및 만유는 사랑과 공의가 충만한 평화의 나라(creatio nova) 안에서 상호 교류하고 상호내주하는 영원한 삶을 누릴 것이다. 바로 이것이 이스라엘과 교회와 인류가 희망하는 샬롬의 생명공동체일 것이다.

뿐만 아니라 교회는 종말론적인 샬롬의 생명공동체의 미리 맛봄이요, 표징이요, 그것을 일구는 도구로써 생명공동체이다. 교회는 예수 그리스도의 신부요, 그의 몸(고전 12 : 12-31)의 지체요, 그의 양이요, 그의 형제요, 그의 친구요, 하나님의 백성(벧전 2 : 9-10)이요, 성령의 전으로서 "오직 성령 안에 있는 의와 평강과 희락"(롬 14 : 17)을 미리 맛본 생명공동체이다. 성령께서 공급하시는 사랑으로 성도들 상호 간에 서로 내주하고 교류하며 교제하는 예수 그리스도의 몸이요, 하나님의 백성인 교회는 생명공동체이다. 성령의 은혜로 예수 그리스도를 신뢰하여 이신칭의에 이르고, 이 예수 그리스도의 명령을 따라 정의와 사랑과 평화를 구현하며, 장차 다가올 하나님 나라를 희망하는 삼위일체 하나님의 형상(하나님의 백성, 그리스도의 몸, 그리고 성령의 전)으로서 교회는 생명공동체이다.

1. 이사야 11 : 1~9, 65 : 17~25, 그리고 요한계시록 21~22장을 읽으면서 에덴동산 이야기에서 생명공동체가 어떤 것인지 이야기해 봅시다.

2. 이스라엘과 교회는 왜 생명공동체입니까?

포도나무 비유(요 15 : 1-10)와 그리스도의 몸과 지체의 관계에 대한 비유(고전 12 : 12-31)와 성령의 전(고전 6 : 19)에 대한 말씀은 교회를 유기적 생명공동체로 본다. 이스라엘도 마찬가지이다. 그리고 이사야 11 : 1~9과 65 : 17~25과 요한계시록 21~22장은 우주만물과 생명체들과 인간이 함께 어우러지는 세계, 곧 생명공동체인 새 하늘과 새 땅에 대한 희망을 보여 주고 있다.

3. 삼위일체 하나님의 형상인 교회란 무엇이고, 이 교회가 삼위일체 하나님의 선교에 동참한다고 하는 것은 무엇을 뜻하는 것입니까?

그것은 교회가 '하나님의 백성'이요, '예수 그리스도의 몸'이요, '성령의 전'이라고 하는 것을 뜻하고, 이와 같은 삼위일체 하나님의 형상으로서 교회는 보편사 속에서 일하시는 삼위일체 하나님의 하나님 나라 선교에 동참해야 한다는 것을 말한다.

성경에서 실천으로

이 글은 "세상 바라보기"에서 시장경제의 세계화로 인한 빈익빈 부익부, 생태계파괴와 종의 다양성 소멸, 그리고 다문화 사회의 문제를 논했고, "세상에서 성경으로"에서는 창세기 3장부터 예수 그리스도의 십자가 이전까지의 파괴된 생명공동체가 이스라엘과 교회를 통한 삼위일체 하나님의 선교에 의하여 회복되어야 한다고 주장하였다. 이어서 삼위일체 하나님의 형상인 교회가 하나님 나라의 징표와 미리 맛봄과 도구로써 삼위일체 하나님의 하나님 나라 선교에 동참해야 할 것을 지적하였다. 교회는 참으로 삼위일체 하나님의 형상이 되면서 이 세상에 대한 삼위일체 하나님의 선교에 동참해야 할 것이다. 이것이 다름 아닌 생명공동체인 교회가 "세상 바라보기"에서 제시된 파괴된 생명공동체를 살리는 길이다.

빈익빈 부익부 : 역사와 사회와 문화와 국가는 하나님의 일터이다. 우리는 이와 같은 일터에서 진행되는 삼위일체 하나님의 선교에 대한 응답으로 개인의 경제활동과 경제공동체의 경제활동에 있어서 '경제정의'를 추구해야 하고, 나눔과 연대를 위하여 힘써야 할 것이다. 그러나 우리는 여기에 머물 것이 아니라 좀더 거시적인 틀의 변혁을 위하여 기도하고 실천해야 한다. 기독교는 구약으로부터 초기 기독교를 통해 수도원 전통에 이르기까지, 종교개혁과 18~19세기 복음주의 부흥운동을 통하여 20세기 초 스위스의 불름하르트와 쿠터와 라가츠, 그리고 미국의 라우센부시에 이르기까지 '기독교 사회주의'의 흐름을 이어오고 있다. 여기에 더하여 WCC(세계교회협의회)의 에큐메니칼 운동과 WARC(세계개혁교회연맹)와 CCA(아시아교회협의회)의 흐름 역시 이와 같은 전통을 따라서 오늘의 '신자유주의'를 거부하고 있다. 따라서 우리는 한편 피도 눈물도 없는 아담 스미스의 자유주의적 시장경제 전통도, 다른 한편 모든 것을 제어하고 통치하는

마르크스-레닌의 비민주주의적인 국가주도적 계획경제체제도 거부하고, 사회적 시장경제와 사회적 민주주의를 추구해야 할 것이다. 공관복음에서의 예수님의 말씀들과 행동들과 기독교 전통은 오늘날의 시장경제의 만능도, 전체주의적 국가의 계획경제도 모두 거부할 것이다. 그러나 우리에게는 큰 정부, 큰 시장이 필요한 것으로 보인다.

생태계파괴와 종의 다양성 소멸 : 이사야 11 : 1~9과 65 : 17~25은 요한계시록 21~22장과 더불어 새 창조의 세계야말로 새롭게 창조된 다양한 인종들과 다양한 종들과 생태계의 새롭게 됨을 약속하고 있다. 이 세상은 진멸될 것이 아니라 새롭게 창조될 것인바(계 21 : 1-5), 우리는 이와 같은 새 하늘과 새 땅을 희망하는 가운데 지구 자원을 귀하게 다루어야 하고, 생태계를 보전해야 하며, 종의 다양성을 결코 소멸시켜서는 안 될 것이다. 예수 그리스도를 통한 하나님의 화해사역은 단순히 인간과 하나님 사이의 그것만이 아니라 인간과 창조세계와 하나님 사이의 화해이기도 하기 때문이다(골 1 : 13-20, 엡 1 : 10).

다문화 사회와 정체성과 공동체성 : 끝으로 성(性)과 인종과 종족과 문화와 나라의 정체성과 특수성도 중요하지만, 이와 같은 '다름'(타자성)들이 함께 조화를 이루는 공동체성도 중요하다. 삼위일체 하나님께서는 모든 다양성과 통일성의 근원이요, '다름'들과 코이노니아의 근원일 것이다. 우리는 종(種)의 다양성을 인정하면서 그것들의 '다름'의 공동체성을 추구해야 할 것이다. 우리는 성과 나이와 인종과 종족과 나라와 종교의 정체성과 다름과 특수성을 나름대로 인정해야 하고, 그것들이 하나님 나라 안에서 새롭게 되어 조화를 이룰 날을 고대해야 할 것이다. 그런즉 새롭게 된 생명공동체인 교회는 21세기의 파괴된 생명공동체를 다시 세우는 일에 매진해야 한다. 우리는 이상과 같이 거시적인 비전을 가지고 삼위일체 하나님의 나라 선교에 동참해야 한다.

1. 교회는 '빈익빈 부익부'의 상황에 어떻게 대처해야 합니까?

물론 교회와 시민단체들은 가난한 사람들과의 나눔과 연대(連帶)와 공동체성을 추구해야 하고, 국가는 가난한 사람들을 위한 사회 안전망을 제도화해야 한다. 하지만 본문에서 지적한 대로 우리는 기독교인들로서 '기독교적 사회주의'라고 하는 거시적인 정치적, 경제적인 구조의 변혁을 추구해야 할 것이다. 교회는 그것을 추구하는 모든 단체들, 사람들과 연대해야 한다.

2. 교회는 생태계파괴와 종의 다양성 소멸에 어떻게 대처해야 합니까?

물론 우리 교회는 세상 사람들과 더불어 친환경 공산품과 친환경 농산물을 사용하고, 물과 종이를 아껴서 수자원과 수목 자원을 보전하며, 전기와 재생 불가능한 화석연료를 절약하고, '태양열 에너지'와 같은 대체 에너지들을 발굴해 내어 지구 자원을 보전하고, 지속 가능한 개발을 통하여 생태계의 혼란을 방지하여 모든 생명체들이 보전되도록 해야 할 것이다. 뿐만 아니라 교회와 시민단체들은 생태계파괴와 종의 다양성 소멸에 저항하고, 이에 대한 적극적인 대안을 제시하는 일에 동참하고, 국가의 정책들 가운데 환경을 파괴하고 종의 다양성 소멸을 가져올 모든 정책들에 반대해야 하며, '녹색성장'과 같은 친환경 정책에는 적극적으로 동참해야 할 것이다.

3. 교회는 다문화 사회에 어떻게 대처해야 합니까?

안산으로 몰려온 이주민 노동자들을 목양하는 박천응의 "국경 없는 마을운동"이나 KBS 1TV의 이민 결혼자들을 돌보는 "러브 인 아시아" 등은 다문화 공동체운동의 실례라고 보여진다. 교회는 '시민사회들'과 연대하여 이와 같은 운동에 직접 행동으로 동참하거나 재정지원을 아끼지 말아야 할 것이다. 무엇보다도 우리는 삼위의 다양성 속에서 일체성을 유지하시는 삼위일체 하나님께서 모든 다양한 문화의 기독교인들뿐만 아니라 아직 믿지 않는 다문화의 사람들까지도 끌어안으시는 분임을 믿기 때문이다.

4. 교회는 정체성과 '다름'을 유지하면서도 어떻게 공동체성을 추구할 수 있습니까?

교회들은 자신의 교파적 정체성과 '다름'을 유지하면서도 '하나의 거룩하고 보편적이며 사도적인 교회'의 일원임을 인식할 뿐만 아니라, 타 교회들의 문화적 다양성과 타 문화의 정체성과 특수성을 인정해야 할 것이다. 나아가서 기독교인들은 믿지 않는 타 문화 사람들의 정체성과 '다름'에도 불구하고, 공동체성을 추구해 나가야 할 것이다.

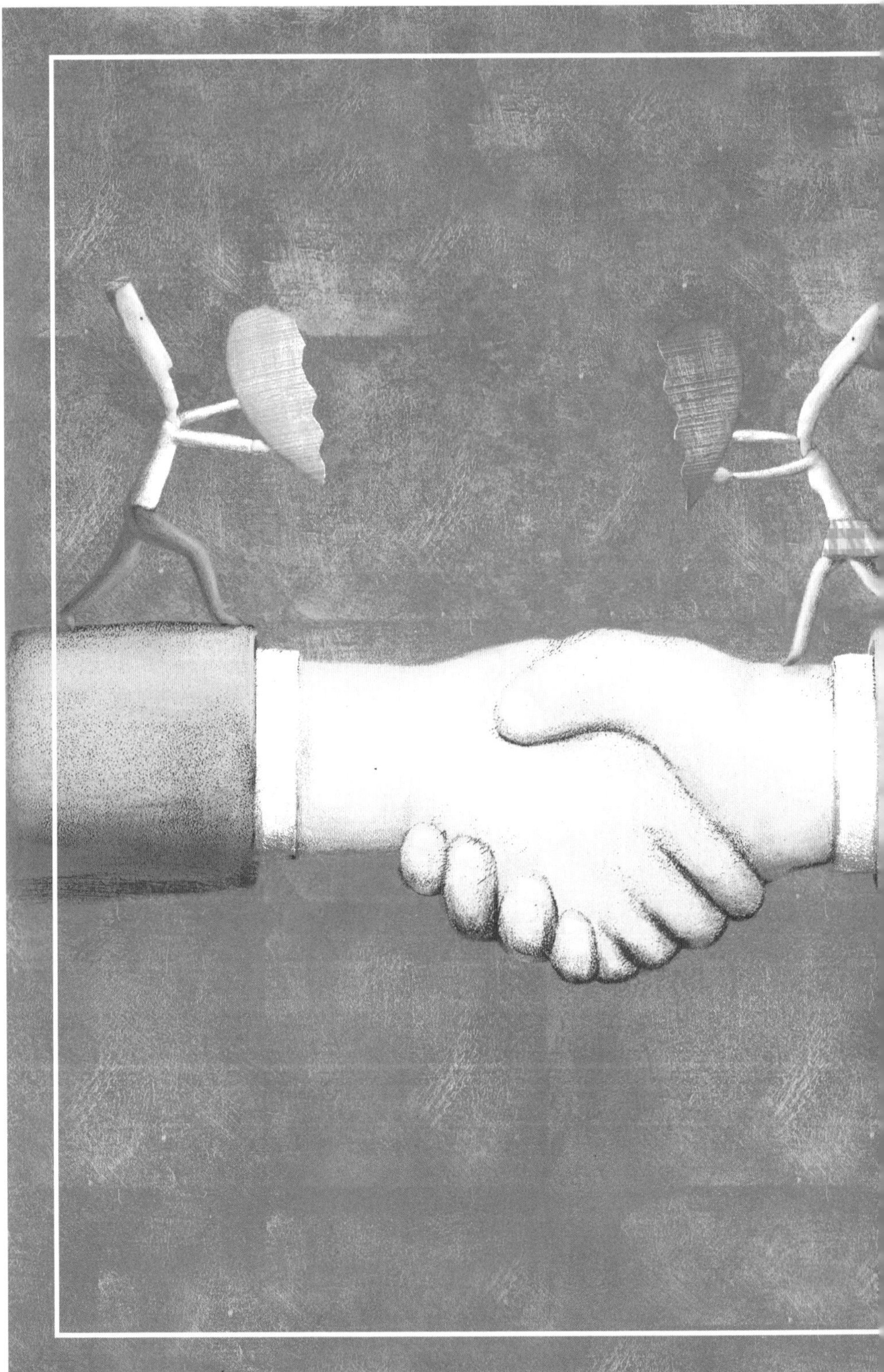

3과

하나님의 의와 법 정신

3과 하나님의 의와 법 정신

본문말씀 이사야 5 : 1~7, 창세기 18 : 18~19

> 오늘의 말씀
>
> "무릇 만군의 여호와의 포도원은 이스라엘 족속이요 그가 기뻐하시는 나무는 유다 사람이라 그들에게 정의를 바라셨더니 도리어 포학이요 그들에게 공의를 바라셨더니 도리어 부르짖음이었도다"(사 5 : 7).

수업목표 본 과를 통해서 인도자는 학습자에게

1. 우리 하나님은 공의와 법을 사랑하시는 분임을 알게 한다.
2. 교회가 신앙적 반성 없이 세상을 닮아 가지는 않는지 반성하게 한다.
3. 공의와 법을 지키는 정의로운 삶을 결단하게 한다.

세상 바라보기

하나님께서는 사람을 태초로부터 남자와 여자, 곧 연합하여 사는 사회적 존재로 지으셨다. 하지만 인류는 하나님의 말씀을 거역하고 서로를 미워하고 죽이기도 하며 불법을 행하였다. 이로 인해 생명공동체의 평화와 안전은 깨어지고 하나님의 세계는 가인의 문화로 변질되었다. 하나님께서는 예언자들을 통해 공의와 정의를 선포하시며 이 땅에서 우리가 서로 돕고 사랑함으로 의와 평화의 열매를 맺으며 살아가기 원하신다.

그러면 우리는 이 세상에서 하나님의 공의와 정의를 어떻게 실현할 수 있을까? 오늘날 정의는 법이라는 옷을 입고 있다. 그렇기에 무엇보다 법을 지키려는 마음이 필요하다. 물론 세상의 법이 하나님의 공의라는 말은 아니다. 다만 법을 지킴으로 일상의 삶에서 하나님의 의를 실천하려는 작은 발걸음을 옮겨 보자는 뜻이다. 하지만 법을 지키면 바보라고 말하는 사람도 있다. 극히 소수이지만 신앙의 이름으로 불법을 행하는 크리스천들이 있어 교회가 사회의 신뢰를 잃고 심지어 개혁의 대상이 되는 경우도 있다. 그러나 최근 각 교단마다 교회의 자정과 갱신을 위한 노력들이 확대되고 있어 퍽이나 다행한 일이다.

도움말

정의와 법은 관계의 개념이다. 정의와 법은 서로 돕고 사랑하며 살아가야 할 인간을 위해 하나님께서 제정하신 삶의 질서이다. 일찍 로마의 법학자 울피안(Ulpian)은 정의를 다음과 같이 규정하였다. "정의란 각 사람에게 그의 것(to each his own)을 나누어 주고자 하는 확실하고도 지속적 의지이다." 여기서 "각 사람에게 그의 것"이라는 말을 어떻게 이해하느냐에 따라 정의에 대한 해석이 달라진다. 예컨대 '각 사람에게 그의 것' 이란 동일한 수입, 동일한 욕구충족, 동일한 사회적 위치, 완전한 평등, 동일한 기회 등이 될 수 있다.

정의는 일반적으로 분배의 정의, 공평의 정의, 법적 정의로 분류된다. 먼저 분배의 정의는 공동체의 유산이 공평하게 분배되고, 사회적 불평등이 균등하게 조성되는 것을 말한다. 예컨대 국민은 누구나 한 표의 선거권을 가질 권리를 갖는다. 둘째, 공평의 정의는 물질이나 서로의 노력의 결과물에 대한 공정한 교환을 말한다. 이는 시장경제에서 중요시되는 정의이다. 하지만 무엇에 따라 다양한 물질과 가치를 공평하게 측정할 수 있겠느냐는 질문이 남아 있다. 예컨대 희귀성, 유용성, 예술성, 기술성, 위험성 혹은 정치적 능력 등에 대한 판단이다. 셋째, 법적 정의로 이는 위의 두 개념과도 밀접한 관련을 맺고 있다. 특히 공공의 선이 이루어지기 위한 사회적 조건으로 법적 권력을 중시한다. 법적인 정의를 실현하기 위해서는 무엇보다 당파성과 임의성에서 자유로워야 한다. 다시 말해 어느 사회의 법이나 제도가 불의한 일을 조장하거나 방관할 때, 법적 정의는 보편적 사회규칙으로 인정될 수 없다. 그런 경우에는 율법의 조항을 거부할 수 있는 형평의 덕이 인정된다.

하지만 성경은 울피안과 같이 정의를 각자에게 그 사람의 고유한 것을 주는 것으로 이해하지 않는다. 이러한 이해는 가진 자들이 자신의 권리만을 충족하기 위한 수단으로 정의를 정당화할 수 있기 때문이다. 성경은 오히려 역으로 가난한 자들의 권리를 보호하라는 하나님의 명령에서 정의의 실현을 본다. 그런 점에서 성경적 정의는 연대성을 사회의 기본적 가치로 인정한다.

남은 문제는 어떻게 하나님의 정의를 하나의 신념이 아니라 실현될 수 있는 가치로 만들 수 있느냐는 질문이다. 이를 위해 법에 대한 이해가 필요하다. 오늘날 정의는 법이라는 제도를 통해 모든 사람의 보편적 권리로 인정되고 있다. 하지만 오늘날 많은 사람들이 법을 지키며 사는 것은 어리석다고 말한다. 그 뒤에는 법에 대한 교회의 부정적 시각이 있다.

교회의 역사 속에서 교회가 법을 부정적 시각으로 바라보게 된 이유가 없었던 것은 아니다. 초대교회의 상황만 보더라도 당시 위대한 로마법은 크리스천들을 무신론자로 낙인찍고, 죽음으로 내몰았다. 이와 같은 경험은 종교개혁자들이 법에 대해 부정적 입장을 갖게 한 동기가 되었다. 특히 루터는 법을 구원받지 못한 세상에서 악을 방어하기 위해 필요한 비상수단이라고 생각하고 법과 믿음을 모순적 관계로 파악하였다. 왜냐하면 믿음은 자유를 주는 반면 법은 인간을 구속하며, 믿음은 사람을 살리는 데 목적이 있다면 법은 죽이는 역할을 담당한다고 생각했기 때문이다. 하지만 법이 반드시 인간의 삶을 속박하는 제재의 수단만은 아니다. 법은 사회의 평화를 보존하고, 인간의 삶을 보호하고 긍정적 기능을 발휘한다. 이런 점에서 법학도였던 칼뱅은 루터와는 다른 생각을 하였다. 칼뱅은 법의 목적을 단순히 죄를 다스리기 위한 도구로만 생각하지 않고, 법을 국가의 중추신경이며 권력의 영혼이라고 불렀다. 그리고 이 법을 크리스천이든 아니든 모든 사람이 지켜야 할 삶의 규범으로 인정하였다.

1. "공의와 법을 지키는 자는 바보"라는 말이 왜 생겨났습니까?

법에 대한 부정적 인식을 갖게 된 일반적 동기를 서로 나누는 정도면 충분하다.

2. 우리 주위에 법을 지키지 않는 유사한 사례가 있으면 함께 이야기를 나누어 봅시다.

이에 대한 구체적인 해답을 내리기보다는 다음 단락에서 공부할 내용에 대한 서론 정도의 역할만 하면 될 것이다.

세상에서 성경으로

정의를 뜻하는 히브리어 체다카(zedakah)는 평화롭고 구원이 성취된 상태를 뜻한다. 정의는 인간의 세계만이 아니라 전 우주적 차원에서 실현되어야 할 하나님의 질서이다. 그중에서도 가난한 자들을 위한 법의 실현이 정의에 대한 근원적 관심이다. 이스라엘의 대법전인 언약법전(출 20 : 22 – 23 : 33)도 우상숭배의 금지는 물론 이방 나그네, 과부나 고아와 같은 가난한 자를 향한 정의의 실현을 요구하고 있다. 공정한 지도자와 재판관이 되기 위해서는 한편에 치우쳐 판단하거나 사욕에 사로잡혀서도 안 된다고 말씀하신다. 오늘 공부할 이사야의 말씀(사 5 : 1 – 7)도 하나님의 백성인 이스라엘 사람들의 불법행위를 경고하고 하나님의 법으로 회귀할 것을 강력하게 명하신다.

이사야 5 : 1~7은 포도원의 노래이다. 1절에서 이사야는 고발자의 역할을 자처한다. 이사야에게 사랑하는 자가 있었다. 사랑하는 자는 아름다운 포도원 주인이었다. 포도원 주인은 신랑이 사랑하는 신부를 위해 온몸을 던지듯 정성을 다해 포도원을 가꾸었다. 아가서가 아름다운 신부, 술람미의 여인을 포도원이라고 부른 것처럼(아 8 : 12), 포도원 주인인 신랑도 자기 신부를 포도원이라 부르며 온갖 사랑을 쏟았다. 이때 이사야는 예언자 나단이 불의한 부자의 이야기를 통해 다윗의 과오를 간접적으로 깨닫게 했던 암시적 방법을 채용한다(삼하 12 : 1-6). 처음에는 포도원의 노래에 등장하는 사랑하는 자가 하나님이시고, 포도원은 이스라엘과 유다 지도자라는 사실을 숨기며 말하지 않았다. 후에 이스라엘 사람들의 죄를 스스로 깨닫게 하려는 뜻이다.

이사야 5 : 2~3에서 이사야는 계속해 말한다. 어느 포도원지기가 있었는데, 그는 심히 기름진 언덕에 포도원을 가꾸고 땅을 일구어 정성을 다해 돌을 고르며 좋은 포도나무를 심었다. 멋진 망대도 세우고 추수할 날을 기다리며 포도를 짤 술틀도 마련하고 좋은 열매가 맺히기를 학수고대했다. 하지만 웬일일까? 그곳에 열린 포도는 시고 파리한 들포도뿐이었다. 그로 인해 농부는 크게 실망하였다. 그러자 이 노래를 듣고 이스라엘의 청중들은 포도원에 비유된 신부를 향해 욕설을 퍼붓기도 하고 신랑이 헛되이 수고한 것을 고소해 하며 비웃기도 하였다. 당연히 이사야 예언자가 예상했던 반응이었다.

그런데 갑자기 본문의 주어가 바뀐다. 이번에는 이사야가 아니라 하나님이 직접 나서시어 "나와 내 포도원 사이에서 사리를 판단"(사 5 : 3)하자고 요구하신다. 이는 이스라엘의 죄를 깨닫게 하려는 것이다. 포도원의 노래가 하나님과 자신들의 왜곡된 관계를 겨냥했음을 깨달은 이스라엘은 크게 당황하게 된다. 특히 하나님께서 "내가 내 포도원을 위하여 행한 것 외에 무엇을 더할 것이 있으랴 내가 좋은 포도 맺기를 기다렸거늘 들포도를 맺음은 어찌 됨인고"(사 5 : 4)라고 고발하자 이스라엘은 더 이상 관망자의 입장에만 설 수 없게 되었다. 하나님은 분명 이스라엘을 통해 좋은 포도, 곧 정의와 공의를 기대하셨다(사 5 : 7). 하지만 오직 쓴 포도, 곧 살육과 고통의 부르짖음만을 거두었다. 그러므로 하나님은 이 포도원을 버릴 수밖에 없다고 말씀하신다(사 5 : 5-6).

오늘 본문의 말씀을 정리해 보자. 성실한 포도원지기요, 신랑이신 하나님은 그의 신부 이스라엘을 포도원이라고 부르시며 깊은 사랑을 고백하셨다. 하나님은 이스라엘을 자기 오른손으로 심은 포도나무의 줄기요, 그를 위해 힘 있게 하신 가지라고 말씀하셨다(시 80 : 14-15; 렘 2 : 21). 하지만 자기 포도원, 자기 백성에 대한 하나님의 기대와 기쁨은 오래가지 못하고 기대하던 열매 대신 씁쓸한 들포도를 추수하게 되었다. 이스라엘은 정의와 공의 대신에 피 흘림과 억압과 같은 쓴 포도열매만 맺었다. 이스라엘의 지도자들은 정의와 법을 지키려는 자들을 조소하며 하나님의 포도원을 삼키고 가난한 자들의 물건을 탈취하여 자기 집을 가득 채웠다(사 3 : 14). 이로 인해 정의의 하나님(사 5 : 16)께서 그의 처음 열매(렘 2 : 3)요, 순전한 참종자(렘 2 : 21)인 자기 백성 이스라엘을 심히 책망하시며 심판을 선포하셨던 것이다.

도움말

본문은 포도원의 노래라고 불리는 이사야 5 : 1~7의 말씀이다. 본문을 이해하기 전에 성경 안에는 하나님의 정의와 법을 기록한 여러 가지 법전이 있다는 것을 설명하는 것이 도움이 될 것이다. 대표적 법전은 십계명(출 20 : 2-17, 신 5 : 6-21), 언약 법전(출 20 : 22-23 : 33), 성결 법전(레 17-26장), 신명기 법전(신 12-26장) 등이다. 하나님께서 이스라엘 백성들에게 법을 주신 것은 그의 백성이 걸어가야 할 길을 제시하기 위함이었다. 그래서 이스라엘은 율법을 무겁고도 버거운 짐이라고 생각하기보다는 하나님께서 언약 백성에게 주시는 사랑의 선물이요, 삶의 바른 길을 안내하는 지팡이로 생각하였다. 하나님은 이러한 계명과 율례를 아브라함에게 먼저 계시하셨다(창 26 : 4-5). 다시 말해서 율법은 하나님이 주신 축복이며, 복을 누리는 수단(신 28 : 1－14)이요, 생명으로 인도하는 길(신 18 : 5, 30 : 15－20)이며, 풍성한 열매를 주시는 강(시 1 : 1－3)이고, 하나님께서 이스라엘 백성들에게만 허락하신 특권(신 4 : 32－43, 시 147 : 19－20)이다.

이스라엘의 예언자들은 이러한 법 정신에 따라 하나님의 정의를 선포하였다. 무엇보다 가난한 자의 우선적 권리 회복을 요구하였다. 정의는 가난한 자들을 위한 연대적 행위를 통해 성취된다. 이에 대한 성경적 근거는 세 가지이다. 첫째, 하나님은 모든 자들을 그의 형상에 따라 존엄에게 지으셨다. 둘째, 하나님은 언약을 통해 약하고 가난한 자들을 특별히 배려하셨다. 셋째, 시편의 고백과 같이 하나님은 고난받는 자의 기도에 응답해 주셨다.

본문의 배경을 파악하기 위해서는 팔레스타인 지방에 대한 이해가 필요하다. 팔레스타인은 주로 돌산으로 이루어졌기에 그곳에 포도원을 일구는 일은 매우 힘든 노동이었다. 뿐만 아니라 동물과 도둑의 침범을 막기 위해 울타리를 든든히 세워야 했다. 망대는 추수 때에 노동자들의 거처로 사용되었다. 그리고 포도원 안에 포도를 짜기 위해 술틀도 마련했다. 이를 통해 이사야는 자기 백성을 향한 하나님의 수고를 입체적으로 그렸다. 이렇게 수고를 아끼지 않은 포도원지기가 좋은 수확을 기다리는 것은 당연한 일이다. 하지만 그 반대 결과를 낳았다. 하나님의 돌보심이 멈추자 포도원은 곧 황폐하게 되었다.

1. 이사야 5 : 1~7을 읽은 후, 1~2절에 기록된 하나님의 돌보심과 5~6절에 기록된 하나님의 심판의 내용을 서로 비교해 봅시다.

인도자는 본문의 내용을 자세히 설명하며 양쪽 칸을 채우도록 한다. "북을 돋우지 못하여"와 같이 생소한 표현에 대한 설명도 필요하다.

하나님의 돌보심	하나님의 심판
기름진 산의 포도원 땅을 파고 돌을 제함. 극상품의 포도를 심음.	울타리를 걷어 먹힘을 당하게 함. 담을 헐음. 포도원이 짓밟히게 함.

망대를 세움.	가지를 자르지 않고 김도 매지 않음.
술틀을 팜.	찔레와 가시가 남.
좋은 열매 맺기를 기다림.	구름을 명하여 비가 내리지 않게 함.

2. 이사야 5 : 8~10의 말씀을 읽고 부동산 투기에 대한 이사야 예언자의 입장을 살펴봅시다.

특히 다른 번역을 참고하는 것도 본문 이해에 도움이 될 것이다. 공동번역은 이사야 5 : 8을 다음과 같이 번역하였다. "아, 너희가 비참하게 되리라. 집을 연달아 차지하고 땅을 차례로 사들이는 자들아! 빈터 하나 남기지 않고 온 세상을 혼자 살듯이 차지하는 자들아!"

3. 예언자 이사야의 말씀이 어떻게 성취되었는지 알아봅시다.

이사야 5 : 13~17을 참조하면 될 것이다. 이스라엘은 이사야 예언자를 통해 말씀하신 하나님의 뜻을 거역하였다. 이스라엘의 탐욕과 향락은 그치지 않았고, 하나님의 뜻을 따르기보다는 이방 민족들과의 정치적 연대와 군비 확대를 통해 국가의 안녕을 지키려고 노력하였다. 그러던 이스라엘 백성은 결국 기원전 587년 바벨론의 침공으로 망하고, 많은 자들이 포로가 되어 바벨론으로 추방되었다.

성경에서 실천으로

하나님께서 믿음의 조상 아브라함을 선택하여 부르신 목적이 있었다. 그것은 아브라함과 그의 후손이 여호와의 도를 지킴으로 정의와 법을 실행하기 위함이다(창 18 : 18-19). 이와 같이 믿음은 여호와의 도를 지켜 정의와 법을 행할 때 성취된다. 그런즉 우리 크리스천들은 하나님의 법과 질서를 지키는 일에 소홀해서는 안 된다. 법과 질서를 존중하지 않는 크리스천들이 아직 많이 있다는 말은 크리스천들이 잘못된 특권의식이나 허위의식에 사로잡혀 살고 있다는 뜻이 아닐까? 크리스천의 준법정신이 약한 이유는 교회의 특권의식과 무관하지 않다고들 한다. 크리스천들은 세상에 소망을 두지 않고 하늘의 영원한 집을 사모하며 사는 이 땅의 나그네요, 천국의 백성이요, 하나님의 선택받은 백성이다. 그러나 우리가 천국의 시민이라는 이유만으로 세상의 법과 질서를 무시해도 좋다고 생각한다면 이는 분명 잘못된 시민의식이요, 특권의식이다. 크리스천의 어그러진 특권의식은 교회의 온갖 불의와 불법을 신앙의 이름으로 정당화한다. 땅은 하나님의 소유라는 믿음으로 교회가 땅 투기를 한다거나, 교회는 하늘의 일에만 관심을 두기에 이 땅에서는 어떤 종류의 세금도 낼 필요가 없다고 생각한다면 어떨까? 교회가 국가로부터 면세의 특권을 누리는 만큼 빛과 소금의 역할을 다하고 있는지 깊이 반성해 볼 일이다.

오늘 우리에게 정의의 실제적 수단인 법에 대한 새로운 인식이 필요하다. 법을 인간의 삶을 속박하는 제재의 수단으로만 보아서는 안 된다. 법은 사회의 평화를 보존하고 인간의 삶을 보호하고 긍정적 기능을 발휘한다. 법학도였던 칼뱅은 법의 목적을 단순히 죄를 다스리기 위한 도구로만 생각지 않고, 법을 국가의 중추신경이며 권력의 영혼이라고 불렀다. 그리고 이 법을 크리스천이든 아니든 모든 사람이 지켜야 할 삶의 규범으로 인정하였다. 우리 칼뱅의 후예들이 그런 믿음을 이어가야 하지 않을까?

도움말

하나님께서 믿음의 조상 아브라함을 부르신 목적은 아브라함과 그의 후손이 여호와의 도를 지킴으로 공의와 정의를 실행하게 하기 위함이었다. "아브라함은 강대한 나라가 되고 천하 만민은 그로 말미암아 복을 받게 될 것이 아니냐 내가 그로 그 자식과 권속에게 명하여 여호와의 도를 지켜 의와 공도를 행하게 하려고 그를 택하였나니 이는 나 여호와가 아브라함에게 대하여 말한 일을 이루려 함이니라"(창 18 : 18-19). 인도자는 하나님께서 이미 아브라함 시대로부터 그의 백성이 공의와 정의를 행하기 원하셨다는 것을 인식시키고, 법과 정의의 실천을 위한 각자의 책임을 환기시킨다.

정의와 법을 실현해야 할 시대적 과제를 여러 측면에서 논의하는 것이 도움이 될 것이다.

종교개혁자 루터는 세상을 술 취한 농부로 비유한 적이 있다. "세상은 마치 술 취한 농부와 같습니다. 그를 안장에 태우려고 한쪽으로 밀면 다른 쪽으로 떨어지고 맙니다. 사람이 하고자 하는 대로 세상을 도울 수 없습니다. 세상은 악마의 소유가 되기를 원합니다." 우리가 함께 사는 세상이 더 이상 신앙과 윤리의 호소로 제어할 수 없는 술 취한 세상이 되었다면 신앙의 양심을 향해 외치는 호소는 허공을 찌르는 공허한 소리에 불구한가? 교회도 법에 대한 적극적 관심을 가져야 할 때가 되었다. 이 말은 기독교가 율법종교로 회귀해야 한다는 말은 아니다. 사랑과 용서로 위장된 신앙의 무능력을 인정하고, 술 취한 세계를 깨우기 위하여 보다 능동적인 우리 기독교인의 책임을 숙고하자는 뜻이다. 평화란 개인 영혼의 평화만이 아니라 사회적 형태로써의 평화를 통해 실현될 수밖에 없다.

1. 창세기 18 : 18~19을 함께 읽은 후, 하나님께서 믿음의 조상 아브라함을 택하여 부르신 목적이 무엇인지 알아봅시다.

특히 19절의 말씀을 함께 읽는 것이 도움이 될 것이다.

2. 교회의 부동산 투기의 정당성(부당성)에 대한 각자의 생각을 나누어 봅시다.

다양한 의견을 청취함이 필요하겠다.

3. 교회 내에서 시급하게 실현되어야 할 정의(부정의)의 문제는 어떤 것이 있습니까?

교회는 그동안 교회 밖을 향해서만 정의의 실현을 요구하였다. 그렇다면 교회 내적으로 실현되어야 할 정의의 문제는 없는지 논의해 보자.

4과

평화를 만드는 사람들

4과 평화를 만드는 사람들

본문말씀 마태복음 5 : 9, 로마서 12 : 2, 9~21

오늘의 말씀

"화평하게 하는 자는 복이 있나니 그들이 하나님의 아들이라 일컬음을 받을 것임이요"(마 5 : 9).

수업목표 본 과를 통해서 인도자는 학습자에게

1. 폭력의 의미와 평화의 의미를 명확히 알게 한다.
2. 폭력에 대한 세상적인 대응방식과 성경적인 대응방식의 차이를 깨닫게 한다.
3. 기독교인이란 평화를 만드는 자라는 자각을 분명히 가지게 하며, 평화운동에 적극 참여하도록 한다.

세상 바라보기

1. 다음의 글을 읽고 느낀 점을 이야기해 봅시다.

브레진스키가 20세기 들어 정치적 동기로 학살당한 사람의 숫자를 1억 6천 7백만 명에서 1억 7천 5백만 명 정도로 추산하였던 사실에서 드러나듯이, 20세기가 폭력의 세기였음을 부인할 수 없다.

대량학살의 사례를 중심으로 20세기의 폭력사례를 간단히 살펴보자. 20세기 최초의 대량학살 사례로 알려진 것은 아르메니아인에 대한 터키의 학살이다. 1915년부터 1917년까지 100만 명 이상의 아르메니아인들이 터키에 의해 학살되었다. 나치는 제2차세계대전 때 600만 명의 유태인을 비롯하여 500만 명의 폴란드인, 로마인, 동성연애자, 정치적 반대자 등을 죽였다. 1937년 말부터 1938년 초까지 몇 주에 걸쳐 일어난 일본군에 의한 난징대학살에서는 난징 시민 35만 명이 살해되었다. 스탈린 체제하의 소련은 공산화 과정에서 6천만 명의 주민들을 정치적 이유로 숙청하거나 기근 등의 방법으로 죽였다. 스페인 내전에서는 프랑코가 점령하면서 30~40만 명을 살해했다. 파키스탄은 300만 명의 뱅갈인을 학살했고, 캄보디아의 경우 폴 포트의 크메르루주 정권하에서 300만 명의 주민들이 처형되었다. 이라크는 후세인 정권하에서 이란-이라크 전쟁 때 쿠르드 소수 민족을 학살했고, 보스니아의 세르비아인은 발칸 내전 당시 이슬람교도와 크로아티아인을 '인종청소'라는 이름으로 절멸시켰다. 수하르토 집권 후 인도네시아에서는 수만 명의 사람이 학살당했고, 미국 역시 베트남전에서 수많은 민간인을 학살했다. 그리고 1994년 르완다의 후투 민족주의자들은 르완다 군대가 투치 반란군을 상대로 내전을 벌이는 동안 80만 명의 투치인을 죽였다.

이처럼 전 세계 곳곳에서 민간인들을 대상으로 했던 무자비한 대량학살이 20세기의 특징적 현상이었다고 한다면, 20세기는 윌리엄 골딩이 말한 대로 "인류사에서 가장 폭력적인 세기"였다고 할 수 있다.

2. 폭력과 전쟁이 왜 일어난다고 생각하십니까? 폭력을 사용하게 되는 것이 선천적 요인 때문이냐, 후천적인 요인 때문이냐는 논쟁이 있습니다. 여러분은 어떻게 생각하십니까? 각자가 생각하는 대로 선천적 요인, 후천적 요인, 복합적 요인 등의 세 그룹으로 나누어 원인에 대한 이야기를 각각 나눈 후에 발표해 봅시다.

역사적으로 전쟁을 정당화한 원인으로는 첫째 자치권을 위한 싸움, 둘째 빈곤, 즉 부와 식량의 공평한 분배와 사회의 공정한 통치를 위한 싸움, 셋째 영토와 자원을 더 얻기 위한 싸움, 넷째 이념, 즉 정치적 사상이나 종교적 신념을 위한 싸움 등이 있다.

전쟁의 원인에 대해 유네스코는 제1차 선언문에서 "전쟁은 인간의 마음속으로부터 생기는 것이다."라고 하였다. 토마스 홉스는 자연 상태에 있는 인간은 "만인에 대한 만인의 투쟁"이라고 하였다. 그러나 최근 들어 학자들은 1986년 스페인의 세빌리아에서 모여 '폭력에 관한 선언'을 발표하였는데, 이 선언문에 의하면 전쟁이나 인간의 폭력의 경향성은 본성적으로 내재된 것이 아닌, 사회화되고 학습된 것이라고 보았다.

미국의 전직 군인이며 군사과학자 그로스맨(Grossman) 등은 폭력을 후천적으로 습득한 행동양식이라고 본다. 치명적이지 않은 공격성이나 자기방어적 행동은 인간의 본능이지만, 인명을 손상할 수 있는 치명적 폭력은 인간의 본능에 어긋나는 행동양식이라는 뜻이다. 다른 말로 하면 인간은 혹독하고 정밀한 군사훈련 같은 것을 통해서만 다른 사람을 죽일 수 있게 되는데, 이는 다른 인간을 죽이는 것은 인간의 본능에 반하는 것이기 때문이다(「함께 만드는 평화, 공존의 갈등해결교육」에서 발췌).

"비인간화가 폭력의 근본원인이다." – 마이클 네이글러

세상에서 성경으로

1. 다음의 글을 읽고 각자의 느낌을 이야기해 봅시다.

독일의 나치정권 시절, 평화주의자들이었던 위그노 교회의 목사들이 나치에 비폭력 저항운동을 이끌었던 프랑스의 샹봉 마을 이야기이다. 이 마을 사람들은 프랑스 중남부 지방의 다른 마을과는 달리 독일군이 쳐들어

와도 무기를 들지 않기로 마을 사람들 전체가 공동으로 결정하고, 양심에 따라 행동했다. 그 결과 샹봉 마을은 단 한 명의 사상자도 없이 모두 살아남을 수 있었다. 반대로 폭력적 저항 방식에 기댔던 다른 마을들은 대량 학살의 고통을 당해야 했다.

전쟁이 끝나고 오랜 시간이 지난 뒤 웨슬리안 대학의 필립 핼리 교수는 앙드레 트로크메 목사와 인터뷰를 했는데, 앙드레 트로크메 목사는 당시 샹봉 마을의 위그노 교회 목사로 평화주의자였다.

인터뷰 내용에 따르면, 앙드레 트로크메 목사는 샹봉 마을에 주둔했던 나치 장교를 수소문해서 찾은 적이 있는데, 그때 독일군이 왜 샹봉 마을 사람들을 죽이지 않았는지 물어보았다고 한다. 그러자 그 장교는 "샹봉 마을은 우리가 폭력으로 파괴할 수 있는 것과는 전혀 다른 종류의 저항을 했습니다."라고 대답했다고 한다.

2. 오늘 본문에서 "너희는 이 세대를 본받지 말고"라고 했습니다. 폭력과 전쟁이 난무하는 세상에서 폭력에 대한 세상적인 대응 방식은 어떠하며, 또 기독교의 대응방식은 어떠해야 하는지 본문에서 찾아봅시다.

세상의 방식		기독교(예수님)의 방식	
회피의 길	투쟁의 길	비폭력 평화의 길	
굴 종	보 복	롬 12 : 17	악을 악으로 갚지 말라(보복 금지).
무저항	복 수	롬 12 : 19	원수를 갚지 말라(복수 금지).
	폭 력	롬 12 : 21	선으로 악을 이기라(대응폭력 금지). "폭력을 폭력으로 갚는 것은 폭력을 증폭시킬 뿐 아니라 별 하나 없는 밤을 더욱 어둡게 하는 것이다. 어둠을 어둠으로 몰아낼 수 없다. 오직 빛만이 그렇게 할 수 있다. 미움은 미움으로 몰아낼 수 없다. 오직 사랑만이 그렇게 할 수 있다." – 마틴 루터 킹

		롬 12 : 18	모든 사람과 더불어 평화하라. – 공동번역
		롬 12 : 14	박해하는 자를 축복하라.
		롬 12 : 20	원수가 주리거든 먹이고 목마르거든 마시게 하라.
		마 5 : 9	평화를 만드는 자는 복이 있다. – 공동번역

3. 오늘의 문화는 영화나 텔레비전 안에서든, 실제의 삶 안에서든 폭력이 보편화되어 있고, 폭력의 행사가 일상화되어 있는 폭력의 문화입니다. 폭력이란 무엇인지 각자의 생각을 나누어 봅시다.

4. 세계적인 평화학자 요한 갈퉁은 "폭력은 해치거나 다치게 하는 것을 뜻한다."라고 하였고, 마이클 네이글러는 폭력을 "손상을 입히는 행위" 또는 "손상을 입히려는 의도가 담긴 행위"라고 하였습니다. 폭력의 종류에는 어떤 것들이 있는지 각자의 의견을 나누어 봅시다.

5. 갈퉁에 따르면 폭력에는 크게 직접적인 폭력과 간접적인 폭력이 있는데, 직접적인 폭력에는 육체적 폭력과 전쟁 등이 있고, 간접적인 폭력에는 언어폭력과 정치적, 경제적인 착취와 억압과 같은 구조적인 폭력, 그리고 차별 행위나 차별 행위를 정당화하는 이데올로기와 같은 문화적인 폭력이 있습니다. 우리가 그동안 행사하며 살아왔던 폭력에는 어떤 것들이 있습니까?

1.	가족관계에서	
2.	친구관계에서	
3.	학교생활에서	
4.	교회생활에서	
5.	직장생활에서	

6. 마태복음 5 : 9에서 "평화를 위하여 일하는 사람은 행복하다." (공동번역)라고 했습니다. 평화란 무엇입니까?

1) 떠오르는 평화의 이미지를 생각해 본 후에 각자가 생각하는 평화의 의미를 그림이나 이미지로 그려 보고 설명해 봅시다.

2) 갈퉁은 평화를 크게 직접적인 폭력이나 전쟁이 없는 상태로써의 소극적인 평화와 구조적인 폭력과 문화적인 폭력이 없는 상태로써의 적극적인 평화로 나누어 말했습니다. 그러면 성경이 말하는 평화란 무엇입니까? 다음 성경본문들을 찾아 읽으면서 성경이 말하는 평화의 종류에 대해 생각해 본 후, 성경이 말하는 평화의 의미가 무엇인지 또 네 종류의 평화가 어떤 관계에 있는지 각자의 생각을 나누어 봅시다.

성경본문	평화의 종류(네 가지 관계 차원)	내 용
롬 5 : 1-11	하나님과의 평화	영적인 평화
롬 7 : 15-25	자신과의 평화	내면의 평화
엡 2 : 11-18	다른 사람과의 평화	사회적 평화
롬 8 : 22	자연과의 평화	생태학적 평화

구약에서 평화를 '샬롬'이라고 하는데, 이 말은 '완전하게 만들다.'라는 의미를 가진 '샬렘'이라는 동사형에서 파생된 것으로 기본적으로 '완전성'(completeness) 또는 '총체성'(wholeness)이란 뜻을 가지고 있다. 말하자면 평화란 영적이고, 육체적이고, 물질적이고, 사회, 정치, 경제적인 모든 차원에서 복지의 조건들이 충족되었을 때의 삶의 상태, 즉 삶의 완전성 또는 총체성을 의미한다고 할 수 있다.

삶의 총체성으로써의 평화의 의미를 관계 개념의 관점에서 다시 정리하자면, "평화란 대체로 올바른 관계 속에 존재한다."라고 할 수 있다. 여기서 관계란 하나님과 인간과의 관계, 나와 자기 자신과의 관계, 나와 이웃과의 관계, 인간과 자연과의 관계, 국가와 국가와의 관계 등 인간 삶의 총체적 관계성을 의미하며, 바로 이러한 총체적 관계성이 분열이나 왜곡됨이 없는 올바른 관계 속에 있을 때 평화가 존재한다고 할 수 있다.

이에 대해 데이빗 아트킨슨은 "평화는 대체로 올바른 관계 속에 존재한다. 최상의 평화는 올바른 관계 속에 거함에 따른 즐거움과 만족에 대한 것이다. 그리고 그 관계란 하나님, 이웃, 자신, 그리고 환경과의 관계를 의미한다."라고 말하고 있다. 따라서 평화는 인간과 하나님과의 관계, 인간과 자신과의 관계, 인간과 인간과의 관계, 인간과 자연과의 관계 사이의 총체적인 완전한 관계성 속에서 추구되어야 한다.

3) 평화를 만들어 가는 삶이란 어떤 삶을 말하는 것입니까? 평화에 대한 갈퉁의 견해와 성경의 견해를 비교하면서 평화를 만들어 가는 삶이 어떤 삶인지에 대해 생각을 나누어 봅시다.

성경에서 실천으로

1. 기독교인은 평화를 만드는 자로서의 사명을 부여받은 사람들입니다. 우리는 폭력의 현실 속에서 어떻게 세상의 방식을 따르지 않고 예수님의 방식을 따라 비폭력적인 평화의 삶을 살아갈 수 있습니까? 오늘의 본문을 통해 평화를 만들어 가는 삶, 즉 평화 실현의 방법들에 대해 생각해 봅시다. 그리고 본문에 나타난 평화 실현의 방법들을 열거한 후에 평화를 이루는 데 있어서 가장 중요한 것은 무엇인지 각자가 중요하다고 생각하는 순서대로 나열해 보고, 왜 그렇게 생각하는지 의견을 나누어 봅시다.

성경구절	핵심가치(주제)	내 용
롬 12 : 9, 20 (참고 : 마 5 : 45-48)	사랑, 원수사랑	"진정한 평화 만들기는 두려움이 아닌 사랑을 기초로 하는 것이다." - 헨리 나우웬 "평화운동가들은 모든 것을 포용하시는 하나님의 사랑에 깊이 뿌리를 내리는 것이 가장 중요하다. 평화운동가가 똑같은 분노와 혐오와 전쟁에 이르는 폭력으로 보복하는 것을 막을 수 있게 하는 것은 오직 모든 것을 포용하시는 하나님의 사랑 안에 깊이 뿌리를 내리는 것뿐이다." - 헨리 나우웬 "내 원수가 마땅히 받아야 할 것은 나의 분노와 거절, 경멸이 아니라 내 사랑이다." - 헨리 나우웬 "사랑은 생각이나 말이나 행동에서도 폭력과 양립될 수 없다." - 존 디어 "아가페 사랑은 '타자가 가지고 있는 어떤 매력과도 상관없이 타자의 이익에 부합되게 해 주는 것' 이다." - 칼 바르트
롬 12 : 9	진 실	"평화의 길은 진실의 길이다." - 간디 "진실함은 평화로움보다 더욱 중요하다. 사실 거짓이야말로 폭력의 어머니이다. 진실한 사람은 오랫동안 폭력적일 수 없다." - 간디 "한마디 진실을 말하는 것이 세계를 변화시킨다." - 파울로 프레리 "진실을 추구하는 것은 궁극적으로 하나님을 추구하는 것이다. 진실을 추구할 때 우리는 하나님을 만날 것이다. 하나님은 진실이시기 때문이다." - 존 디어
	정의 (악에 대한 저항)	"불의와 폭력이 있는 곳에 평화는 없다." - 몰트만 "평화가 정의를 가지고 오는 것이 아니라 정의가 평화를 가지고 온다." - 몰트만

		"평화를 이루는 것과 정의를 위해 일하는 것은 결코 분리될 수 없다." – 헨리 나우웬 "악에 대한 '저항은 평화 만들기의 필수적인 요소'이다." – 헨리 나우웬 "기도가 저항의 한 형태일 뿐만 아니라 저항 또한 기도의 한 형태이다." – 헨리 나우웬
롬 12 : 10	형제사랑	"자기가 사랑을 받고 있다는 것을 잘 알고 그 사랑을 누리고 있는 사람들만이 진정으로 화평케 할 수 있다." – 헨리 나우웬 "인류는 하나님의 자녀요 서로 형제자매이다." – 헨리 나우웬 "자기 자신이 다른 모든 존재와 하나임을 진정으로 깨달아 알게 되면 우리는 더 이상 남을 해칠 수 없게 된다." – 존 디어
	상호존경 (존중)	"'상이성을 존중하라.'는 말에는 가장 근본적인 평화의 원리가 내포되어 있다." – 존 흄 "존경은 폭력에 대한 해독제이다." – 마이클 네이글러 "평화로운 삶은 그 누구도 따돌리지 않는다. 우리가 우리 자신과 더불어 평화롭게 살고자 한다면 다른 사람들을 있는 그대로 받아들일 필요가 있다. 다른 모든 사람을 형제자매로 대하는 법을 배워야 한다." – 존 디어
롬 12 : 11	열 정	"이 세상의 어떤 위대한 것도 열정 없이 이루어진 것은 없다." – 헤겔
롬 12 : 12	희망 중에 즐거워함.	"넬슨 만델라와 데스몬드 투투, 그리고 남아프리카의 민중은 설마 인종차별정책이 사라지겠느냐고 거의 모든 사람이 의심할 때에도 분연히 인종차별정책에 항거하면서 희망을 포기하기를 거절하였다." – 존 디어

	환난 중에 인내	"인내는 치열한 삶의 현장에 적극적으로 뛰어들어서 우리의 내면과 주변에 있는 고난을 충만히 견뎌 내는 것이다. …… 인내는 기꺼이 영향을 받고자 하는 마음이다." – 헨리 나우웬
	기 도	"기도는 모든 평화 만들기의 시작이자 끝이요, 근원이자 결실이며, 핵심이자 내용물이고, 기초이자 목표이다." – 헨리 나우웬 "평화롭게 살기를 원한다면 우리는 날마다 시간을 내어 하나님의 음성에 귀를 기울여야 한다." – 존 디어 "기도란 '나를 사랑하는 자라 부르시는 분의 음성을 듣는 것' 이다." – 헨리 나우웬
롬 12 : 13	가난한 성도를 섬김.	"가난과 궁핍 속에서는 평화를 기대할 수 없다." – 프레데릭 드 클러크 "우리는 가난한 사람들이 예수님 같다고 여기면서 섬겨서는 안 된다. 우리는 그들이 예수님이기 때문에 섬겨야 한다." – 마더 테레사
	배려하기와 호의 베풀기 (나그네 대접)	"만약 어떤 이가 낯선 사람들에게도 자비롭고 너그러우며 호의적이라면, 그는 세계 시민임을 스스로 입증하는 셈이다." – 베이컨 "다른 사람의 이익을 추구하는 과정에서 자신의 이익도 찾을 수 있다." – 플라톤
롬 12 : 14	축복하는 마음	"하나님이 너를 다른 사람을 위한 축복의 샘으로 만드셨다는 것을 믿어라. 너는 너 자신의 흔적을 발견해야 하고, 네가 남을 위해 축복이 될 수 있는 길을 발견해야 한다." – 안셀름 그륀
롬 12 : 15	공감능력	가슴 아파하는 자와 함께 아파하며 기뻐하는 자와 함께 기뻐할 줄 아는 공감능력 없이 우리가 어떻게 사랑할 수 있으며 또 그런 공감능력 없이 어떻게 평화를 만들어 갈 수 있을까?

롬 12 : 16	조화를 이루는 능력 (마음 합치기)	평화란 기본적으로 인간의 삶의 모든 차원의 관계들이 올바른 관계 속에 있을 때 존재하는 것이다. 그렇다면 다른 사람과 조화를 이루는 능력은 평화를 이루는 데 필수적인 요소이다.
	겸 손	"겸손만이 우리를 일치시키고 일치만이 우리를 평화에 이르게 한다." – 마더 테레사 "겸손은 '최고의 덕, 모든 덕의 모체요 뿌리' 이다." – 장 칼뱅 "겸손은 '참된 신앙의 가장 본질적인 것' 이다." – 에드워즈
롬 12 : 18	평화를 이루는 의지	"평화에 대한 희망을 회복한 사람은 반드시 평화를 위해 힘써 일해야 한다. 인간의 삶에서 그것보다 더 거룩한 사명은 없기 때문이다." – 므나헴 베긴
롬 12 : 19	원수 갚지 않기	"평화로운 삶을 살고자 한다면 우리는 모든 사람을, 원수까지도 사랑하는 법을 배울 필요가 있다." – 존 디어 남아프리카 정부의 인종차별정책에 저항하다가 투옥된 후 27년 만에 자유를 얻은 만델라는 아프리카 민족회의와 더불어 '진실과화해위원회' 를 구성해서 과거의 인권침해 범죄에 대한 진실을 밝혔지만, 인권침해 범죄자들을 사면했다.
롬 12 : 21	선으로 악을 이기는 삶	"그리스도의 십자가는 하나님이 선으로 악을 이긴 것이다. 그렇다면 기독교인의 십자가도 전혀 다르지 않다. 즉, 그것은 미움에 의해 다스려지는 세상에서 모든 다른 사람들을 향한 하나님의 사랑에 대한 우리의 순종의 대가이다." – 존 하워드 요더

2. 성 프란체스코의 "평화의 기도"를 함께 음미하면서, 평화를 만드는 삶을 우리의 삶의 영역에서 어떻게 구체적으로 실천해 갈 수 있

는지 구체적인 실천사항들을 찾아보고, 평화의 삶을 결단합시다.

〈평화의 기도〉

주여,
나를 평화의 도구로 써 주소서.
미움이 있는 곳에 사랑을,
다툼이 있는 곳에 용서를,
분열이 있는 곳에 일치를,
의혹이 있는 곳에 믿음을,
절망이 있는 곳에 희망을,
어두움에 빛을,
슬픔이 있는 곳에 기쁨을 가져오는 자 되게 하소서.

주님,
위로받기보다는 위로하고,
이해받기보다는 이해하며,
사랑받기보다는 사랑하게 하여 주소서.
우리는 줌으로써 받고,
용서함으로써 용서받으며,
자기를 버리고 죽음으로써 영생하게 하소서.

– 성 프란체스코의 "평화의 기도"

1.	가정에서	
2.	교회에서	
3.	학교에서	
4.	직장에서	
5.	사회에서	

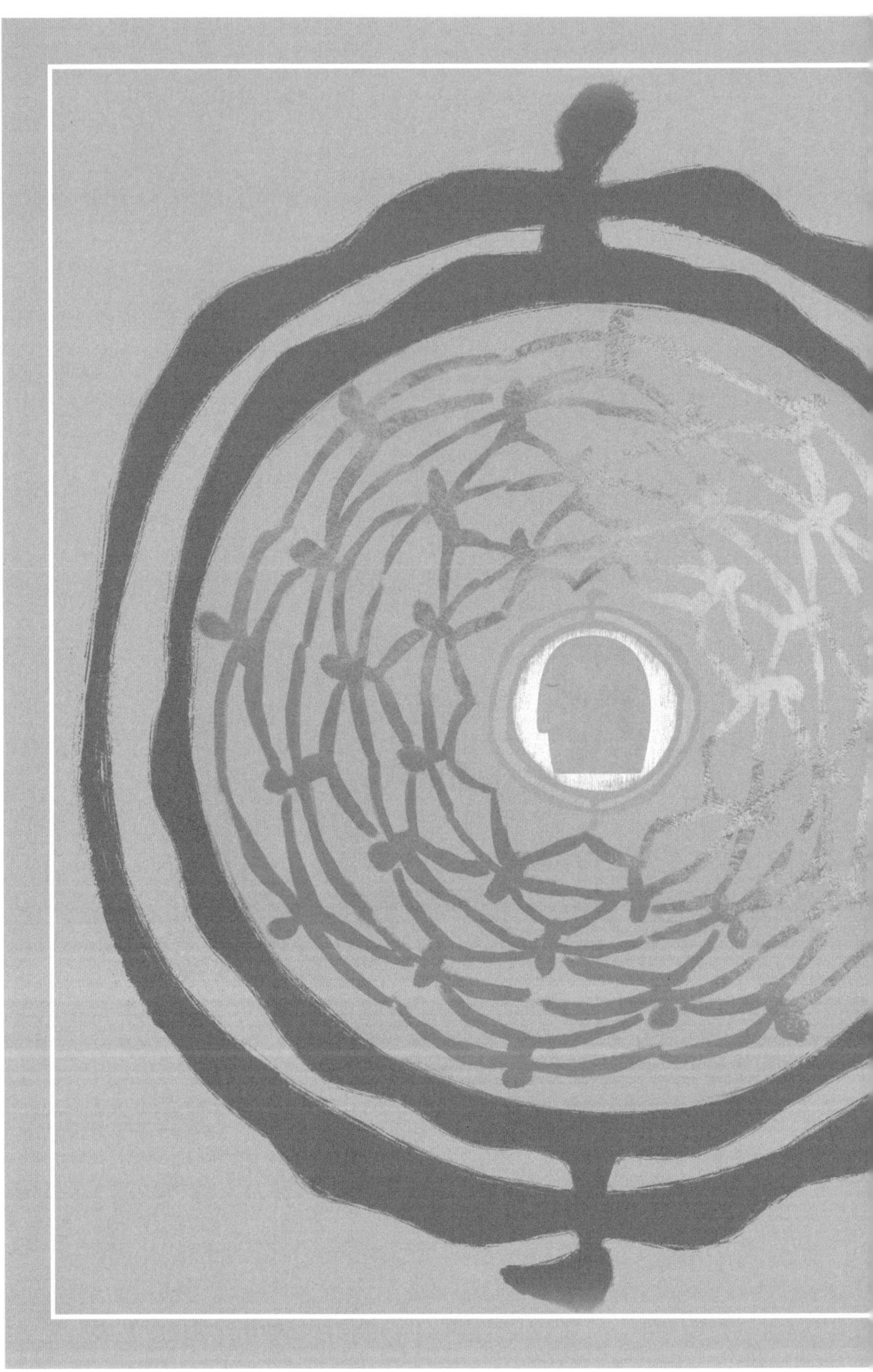

5과

창조질서의 보전과 그리스도인의 책임

5과 창조질서의 보전과 그리스도인의 책임

본문말씀 창세기 1 : 1~2 : 3

오늘의 말씀

"하나님이 자기 형상 곧 하나님의 형상대로 사람을 창조하시되 남자와 여자를 창조하시고 하나님이 그들에게 복을 주시며 하나님이 그들에게 이르시되 생육하고 번성하여 땅에 충만하라, 땅을 정복하라, 바다의 물고기와 하늘의 새와 땅에 움직이는 모든 생물을 다스리라 하시니라"(창 1 : 27－28).

수업목표 본 과를 통해서 인도자는 학습자에게

1. 생명의 존엄성을 다시 한번 알고 느끼게 한다.
2. 자연 생태계의 파괴에 따른 생명의 심각한 위기를 깨닫게 만든다.
3. 생명의 질서를 지키고 생명을 살리는 운동이 왜 신앙적으로 중요한지 알고, 그 일에 앞장서도록 동기를 부여한다.

도움자료

조용훈, 「동서양의 자연관과 기독교 환경윤리」(서울 : 대한기독교서회, 2002).

세상 바라보기

Tip : 성경공부가 있기 전주에 신문이나 방송을 잘 보아 두었다가 성경공부 당일 스크랩 자료나 토론 자료로 활용하도록 합시다.

"한반도 기후가 아열대성으로 바뀐다"
"태백 겨울 가뭄 극심…… 20년 만에 황지연못서 취수"
"약수터 물도 마음 놓고 마실 수 없다"
"기형 물고기 한강에서 또 발견"
"열대우림의 파괴로 하루에 40~140여 종의 생물종이 사라지고 있다"
"지구온난화로 2020년 북극 빙하가 다 녹는다"
"환경호르몬 물질로 남성의 정자생산 능력 저하"
"목마른 지구, 마실 물이 없다"
"중국의 사막 확대로 올해 황사 더 늘어난다"

1. 얼마 전부터 신문의 기사제목으로, 방송의 자막으로 나타난 이야기들입니다. 이 기사제목을 볼 때, 어떤 느낌이 듭니까? 이 기사제목을 읽을 때, 어떤 생각이 떠오르십니까?

2. 우리 주변 가까이에서 느끼는 환경문제들이 있다면 어떤 것이 있습니까? 혹시 대기 문제, 폐수 문제, 지하수 문제, 기타의 환경관련 문제로 개인적으로나 가정적으로 고통을 당한 적이 있다면, 이야기해 봅시다.

오늘날 환경문제는 우리 삶의 한복판에서 발생하면서 우리 자신과 미래의 생명을 위협하는 21세기의 핵심 사회문제로 부각되고 있다. 미래학자들 가운데에는 환경문제가 국제분쟁과 전쟁의 원인이 될 것이라고 예측하는 사람도 있다. 1990년대에 들어 환경문제를 의식하기 시작한 우리나라는 경제 위기를 겪게 되면서 다시 먹고사는 문제에 관심을 옮기고 있다. 그런데 환경문제는 그 폐해가 금방 나타나지 않기 때문에 그 심각성을 무시할 수 있지만, 언젠가 한 번 발병하게 되면 치명적이라는 특징이 있다. 환경문제를 보다 예민하고 심각하게 생각해야 환경문제를 해결할 수 있다.

따라서 함께 성경공부를 하는 사람들에게 환경문제가 얼마나 중요하고 심각한가를 스스로 느끼게 하는 것이 중요하며, 그 작업은 일상생활에서 발견되어져야 할 것이다. 그러기 위해서는 주변에서 그리고 최근에 경험하거나 발견했던 환경문제를 가지고, 거기서부터 이야기의 실마리를 끌고 나가는 것이 중요하다.

세상에서 성경으로

1. 구약성경에는 '자연'(自然, 스스로 있음. 혹은 스스로 그러함.)에 해당되는 단어가 발견되지 않습니다. 자연을 인간중심적으로 해석하는 '환경'(環境)이란 말도 없습니다. 대신 하나님께서 천지를 창조했다는 선언이 나타날 뿐입니다. 그런데 태초에 하나님께서 천지를 창조하실 때 반복해서 표현된 말이 있습니다. 창세기 1 : 1~31을 읽고 반복되는 표현이 무엇인지, 몇 번 반복되는지 찾아봅시다.

창세기 1 : 4, 10, 12, 18, 21, 25, 31에는 "하나님이 보시기에 좋았더라"라는 표현이 반복되고 있다. "보시기에 좋았더라"에 사용된 히브리어 '토브'(tob)는 심미적으로 '아름답다'는 뜻과 동시에 도덕적으로 '선하다'는 뜻도 지니고 있다. 하나님께서 지으신 자연세계는 지금의 모습(파헤쳐진 산, 기형으로 태어난 물고기, 죽어 가는 강 등)과는 달리 매우 아름다웠다. 우리가 아름다운 하늘, 높은 산을 바라볼 때 느끼고 감탄하는 그대로이다. 그리고 하나님께서 지으신 자연세계는 비록 물질세계이지만 영과 육을 이분법적으로 구분하는 사람들의 생각처럼 악한 것이 아니라 선한 것이다.

기독교 역사 속에는 비기독교적인 이원론 사상이 들어와 육체성을 부정하고, 세상에서의 삶의 가치를 무시하는 일들이 있었다. 그러나 기독교는 육체성을 중요시하고(말씀의 성육신 사건으로서 예수 그리스도나, 성만찬 때 일상에서 사용하는 빵과 포도주를 거룩한 몸과 피로 생각함.), 세상에서의 일상사의 가치를 소중히 여긴다. 물질로서의 자연세계가 결코 본질적으로 악한 것이거나 인간의 정신보다 열등한 것이 아님을 성경은 말해 주고 있다.

2. 태초에 아름답게 지어진 세계, 그래서 하나님께서 지으신 후에 '아름답다', '좋다' 라고 일곱 번이나 말씀하신 자연세계가 지금은 처참하게 망가지고, 흉측하게 일그러지고 있습니다. 그 이유가 어디에 있다고 생각합니까? 성경 이사야 11 : 6~9과 창세기 3 : 1~21을 찾아서 읽고, 둘 사이의 차이점을 말해 봅시다.

이사야 11장에는 종말론적 평화가 실현되는 날에 인간과 자연세계 사이에 이루어질 조화로운 관계를 설명하고 있다. 이리가 어린 양과 함께 살며, 표범이 어린 염소와 함께 누우며, 젖 먹는 아이가 독사의 구멍에서 장난하여도 아무런 상함도, 해됨도 없을 것이라고 했다. 인간과 자연, 그리고 자연과 자연 안에 완전한 평화(샬롬)가 실현되고 있음을 볼 수 있다. 그것이 원래 에덴동산의 모습일 것이며, 장차 하나님의 나라에서 회복될 에덴동산의 모습일 것이다. 자연의 아름다움과 경이로움은 인간의 성품을 순화시킬 뿐만 아니라 창조주의 발견을 통해 신앙에 이르게 도울 수도 있다.

그런데 창세기 3장을 보면, 인간의 타락의 결과로 인간과 뱀 사이가 원수지간으로 바뀌고, 자연세계는 가시덤불과 엉겅퀴를 내어 인간을 고통스럽게 한다. 인간이 피조물의 위치에 머물지 않고 하나님처럼 되려고 한 결과 인간은 에덴동산에서 추방될 뿐만 아니라 자연세계(뱀, 토지)와의 관계도 적대관계로 변하고 만다. 죄는 인간과 자연세계 사이의 평화로운 관계까지 파괴하고 만다.

3. 하나님께서는 인간을 '하나님의 형상'으로 창조하셨습니다. 그리고 아담과 하와를 에덴동산으로 데리고 가셔서 동산을 가꾸고 돌보라고 하셨습니다. 창세기 2 : 15을 읽고, 다음 물음에 대답해 봅시다.

1) 에덴동산에 있는 인간상(像)은 어떤 것입니까?

2) 동산을 경작하고 지킨다는 뜻은 무엇입니까?

오늘날 기독교는 많은 환경운동가들로부터 환경파괴의 주범이라는 비난을 받고 있다. 기독교가 환경파괴의 주범이라고 생각하는 사람들은 오늘날의 환경문제가 서구 산업사회에서 생겨났고, 서구 산업사회의 정신적 뿌리가 기독교의 창조신앙에 있다고 본다. 기독교의 창조신앙이 자연세계의 신성함을 파괴했고, 인간에게 모든 것을 정복하고 다스릴 권한을 줌으로써 자연세계의 파괴를 가져왔다는 설명이다. 그런데 성경을 가만히 들여다보면 태초에 하나님께서 아담과 하와를 지으시고 그들을 에덴동산에 두셨을 때, 그들의 모습은 '정원사'의 모습을 떠올리게 한다. 에덴동산을 경작하고 지키기 위해 그들은 마치 정원사처럼 나무를 돌보고 잡초를 뽑았을 것이다. 자연에 대한 정원사로서의 인간의 모습은 기독교를 비판하는 사람들이 떠올리고, 오늘날 우리가 자연을 대할 때 흔히 보게 되는 '정복자'의 모습과는 사뭇 다른 모습이다. 인간은 본래 자연세계에 대한 농부나 정원사로 지음을 받았다. 인간이 자연에 대한 청지기로서 그 역할을 다할 때, 자연세계도 보전될 수 있다는 의미에서 기독교의 창조신앙은 환경윤리의 중요한 기초가 될 수 있다.

성경에서 실천으로

1. 성경은 하나님의 세계 창조에 대한 이야기로부터 시작됩니다.

"태초에 하나님이 천지를 창조하시니라"(창 1 : 1). 그리고 예배 때마다 우리는 사도신경 가운데 "나는 전능하신 아버지 하나님, 천지의 창조주를 믿습니다."라고 고백합니다. 이 말씀과 이 고백은 우리가 자연세계를 하나님의 창조로 고백하며, 그 고백은 창조주이신 하나님 앞에서 '창조질서의 청지기'로 지음 받은 우리들이 자연세계를 돌보고 가꿀 것을 다짐하는 일이기도 합니다. 창조질서의 청지기로서 우리들의 삶의 현장에서 볼 수 있는 환경문제에 대한 나의 책임과 미래적 과제를 이야기해 봅시다.

창조질서의 청지기

	환경문제들 (사례들)	지금의 내 모습 (원인 제공자)	앞으로 바뀔 내 모습(나의 다짐)
집에서			
학교나 일터에서			
교회에서			

우리는 환경문제를 일으키는 사람이기도 하고, 동시에 환경문제를 해결할 수 있는 사람이기도 하다. 환경문제를 일으키는 사람으로서 '지금의 내 모습'이 삶의 모든 영역(집, 학교나 일터, 교회)에서 어떤 환경문제를 어떻게 일으키고 있는가 하는 자기반성이 필요하다. 한편, '앞으로 바뀔 내 모습'에서 지금의 반생태학적인 삶을 어떤 방식으로 변화시키게 될지 각오와 다짐을 함께 나누면 좋겠다.

6과
하나님의 경제

6과 하나님의 경제

본문말씀 마가복음 6 : 30~44

오늘의 말씀

"무리를 보내어 두루 촌과 마을로 가서 무엇을 사 먹게 하옵소서 대답하여 이르시되 너희가 먹을 것을 주라 하시니……"(막 6 : 36 – 37).

수업목표 본 과를 통해서 인도자는 학습자에게

1. 하나님의 뜻에 맞추어 운영되는 신앙적 경제관의 요체를 심어 준다.
2. 하나님의 창조세계가 물질의 편중으로 인해 왜곡된 생명세계가 된 실상을 성찰할 수 있도록 도와준다.
3. 풍성한 생명의 구현을 위해 이 땅의 대안적 경제질서에 대한 안목을 갖출 수 있도록 인도한다.

도움자료

김영생, 「가난한 부자 : 하나님의 경제」(선교횃불, 2008).

차정식, "신약성경을 통해 본 하나님의 경제", 대한예수교장로회총회 생명살리기운동10년위원회 편, 「하나님 나라와 생명살림」(서울 : 한국장로교출판사, 2005).

황홍렬, "한반도에서 나눔과 평화 : 대북 인도적 지원을 중심으로", 대한예수교장로회총회 생명살리기운동10년위원회 편, 「하나님 나라와 생명살림」(서울 : 한국장로교출판사, 2005).

세상 바라보기

인도자 준비지침

1) 인도자는 신문과 인터넷 자료를 검색하여 오늘날 지구상의 경제위기에 대한 구체적인 증거를 확보한다. 특히, 우리나라의 경제위기가 오늘날 지역사회에서 어떤 문제들을 낳고 있는지 사전 준비가 필수적이다.
2) 아울러 인도자는 이와 같은 경제문제가 신앙생활의 본령과 무관치 않음을 충분히 숙지하는 신학적 안목이 필요하다. 하나님은 이 세상을 풍성하게 지으셨고 그 가운데 사는 뭇 생명들이 풍성한 생명을 누리도록 은혜를 베풀었지만, 여전히 질고와 가난 가운데 신음하는 이 땅의 현실을 진지하게 성찰하며, 그 원인이 무엇인지 살피는 통전적인 관점이 필요하다. 이러한 견지에서 인도자는 성경공부 학습자들에게 이 세상이 하나님의 경제가 미치는 선교의 현장임을 직시하도록 도와주어야 한다.
3) 그러나 경제위기 등으로 인한 이 세상살이의 곤경과 그 실상을 나누면서 너무 비관과 절망의 분위기가 되지 않도록 균형을 잡아 주어야 한다. 우리의 하나님은 죽음과 절망의 하나님이 아니라 그것을 뛰어넘는 생명과 희망의 하나님, 부활의 하나님이기 때문이다.

빈곤 문제는 이 땅에서 여전히 지속되는 현상이다. 아무리 산업이 발달하고 국가가 부유해져도 가난한 사람은 없어지지 않는다. 잘사는 선진국에도 극빈층이 늘 있게 마련이고, 못사는 나라는 말할 것도 없이 빈곤은 매일매일 싸워야 할 버거운 장애물이다. 최근 보도에 의하면, 소득양극화를 반영하는 3대 지표(지니계수, 5분위 배율, 상대적 빈곤율)가 일제히 사상 최악을 기록했다고 한다(2009년 6월 30일 「문화일보」 보도). 세계 경제 위기를 맞아 살기가 점점 더 버거워지는 현실이다.

특히, 자영업을 하는 사람들의 몰락은 중산층의 붕괴라는 말과 함께 더욱 심각하게 우리 피부에 와 닿는다. 동네 일대를 천천히 걷다 보면 상점의 간판이 자주 바뀌는 것을 종종 보게 된다. 그만큼 불황이 심하고, 장사를 해도 수지를 맞추기가 어렵다는 증거가 아닐까 생각한다. 게다가 우리

나라의 경제적 빈곤을 더욱 위협하는 것은 엄청나게 늘어난 비정규직 종사자들의 형편이다. 그들이 받는 봉급을 냉소하여 흔히 그들을 '88만 원 세대' 라고 부르기도 하는데, 이미 수백만 명에 이른다고 한다.

그나마 경제 개발이 이루어졌다는 우리나라의 형편이 이 정도라고 한다면, 아직 '개발' 의 빛조차 미치지 못한 제3세계 절대 빈국의 사정은 어떨까? 하루하루 생계를 유지하는 것이 삶의 최대, 최고의 목표가 아닐까 생각한다. 그런 나라는 지구상에 숱하게 많고, 그 생계유지의 장벽에 걸려 귀한 생명을 잃는 경우가 하루에도 수만 명에 달한다고 하니 좀처럼 믿기지 않는다. 더구나 자기방어 능력이 현저히 떨어지는 노약자, 어린아이들의 굶주림은 빈곤의 가장 무서운 결과이다. 가까이 북녘 땅의 우리 동족들 역시 이런 열악한 처지에 놓여 있음을 우리는 잘 알고 있다.

우리 교단에서 벌이고 있는 생명살리기운동10년 캠페인은 이런 생명의 질고에 응답하면서 교회가 이런 상황을 방치하는 것이 아니라, 이 세상의 아픔에 적극 동참해야겠다는 신앙적 각성과 결단의 발로이다. 경제라는 아주 민감한 삶의 영역에서 체감하는 절망은 곧 일용할 양식이 없다는 데서 생긴다. 그것 없이는 생명을 부지할 수 없으니 죄를 용서받거나 용서해 주는 여력이 생기지 못하는 것이다.

1. 이 세상에 편만한 가난의 현실을 직시하면서 나 자신과 우리 가족이 겪은 가난의 경험, 날마다 신문이나 인터넷, 텔레비전 뉴스를 통해 전해 듣는 가난의 사례들을 나누어 봅시다. 그 가난의 현실을 보고, 듣고, 경험할 때 우리에게 생기는 감정은 무엇입니까?

각자의 경험을 나누도록 열린 분위기를 도모한다. 서로 쭈뼛거리며 사사로운 이야기를 나누길 꺼려 하면 인도자가 솔선하여 간략하게 운을 떼며 자신이 경험한 에피소드나 언론을 통해 전해 들은 가난의 사례를 나누어 본다. 가난은 낭만적인 가치가 아니다. 가난의 경험은 무엇보다 괴롭고 고통스러운 것이다. 아울러 다른 사람들과의 만남을 꺼려 함으로 소외감이 생긴다. 또한 가정에 불화를 만드는 주요인이 되며, 절망적인 분위기에 휘둘리면 우울증이 생기고 극단적인 경우 자살의 충동에 빠지기도 한다.
타인의 가난을 접하면 불쌍한 마음이 생기고, 그 긍휼과 연민의 마음은 돕고자 하는 선한 의욕을 불러일으키기도 한다. 그러나 가난에 대해 자신의 과거가 떠올라 냉담하게 외면하는 정반대의 감정적 반응이 나타나기도 한다.

2. 사람들이 가난하게 되는 원인은 다양합니다. 개인적 게으름과 판단 실수, 국가의 정책 오류, 경제 이념의 문제, 사회구조적인 문제, 세계 경제체제의 문제 등 여러 각도에서 살펴볼 수 있습니다. 그렇다면 나와 내 이웃들이 겪는 가난의 이유는 무엇인지 구체적인 사례를 들어 이야기해 봅시다.

개인의 가난과 사회구조적인 차원의 가난은 맞물려 있다. "부의 대물림"이란 말이 있듯이 우리는 부모의 경제적 상황에 따라 자녀들의 경제적 삶의 수준이 결정되는 시대에 살고 있다. 따라서 인도자는 가난의 문제를 특정한 원인에 고착시키기보다 복합적이고 다각적인 변수들이 얽히고설켜 사람들이 가난해지기도 하고, 부유해지기도 하는 그 배경을 여러 각도에서 분석해 보여 줌으로써 치우치지 않도록 조율한다.

세상에서 성경으로

이 오병이어 기적 이야기의 문학적 양식은 '자연기적'의 범주에 해당된다. '빈들'이라는 자연의 한복판에서 이루어진 사건이다. 예수님은 식사할 시간도 없어 군중을 떠나 멀리 한적한 곳으로 가고자 했지만, 군중들은 선수를 쳐서 예수님 일행을 앞질러 갔다. 여기에서 알 수 있는 것은 예수님을 통해 자신들의 억압된 삶의 환경을 벗어나 보고자 하는 정신적이고도 물질적인 갈증이다. 우리도 신앙생활의 처음 동기에 이런 것들이 작용한 경험이 있다. 모종의 '판타지'에 대한 갈구가 예수님을 이렇게 따르게 했다고도 볼 수 있지만, 그들은 아마 상당수가 당시 식민지 백성으로서 집 없이 떠도는 유랑민이었을 가능성이 크다. 그들은 예수님의 메시지에 정신적인 위안과 함께 새 희망을 얻었을 것이다. 그러나 날이 저물어 그들은 허기를 느꼈고, 먹을 것이 필요했다. 예수님은 그들의 그 구체적인 필요에 적극 부응하심으로 하나님의 나라가 단순히 이 세상의 삶을 초월한 관심사가 아니라, 그 세상살이 안의 일상적 필요를 포함하는 것임을 보여 주신다. 이 본문의 주석에서 핵심은 만병통치약이나 도깨비방망이 같은 해결사로서의 예수님의 능력이 아니라, 풍성한 생명이 풍성하게 누려지기 위한 경제적 최소 여건의 확립이다. 그것은 곧 하나님의 풍성한 창조세계가 풍성하게 나누어질 때 가능함을 본문은 적절히 교훈한다. 빈들과 푸른 잔디에 대한 묘사, 떡 다섯 개와 물고기 두 마리라는 소박한 식사를 통한 생명의 향유란 점을 주목할 필요가 있다. 아울러 이 이야기의 배후에 깔려 있는 구약성경의 만나 이야기(출 16장)와 바울의 교훈(고후 8 : 14－15)을 참고하여 숙독하도록 한다.

마가복음의 이 기적 이야기는 흔히 '오병이어의 기적'이라 불린다. 떡 다섯 개와 물고기 두 마리로 이룬 기적이라는 뜻이다. 상상만 해도 환상적인 모습이다. 이 이야기를 읽을 때 오늘날 예수님의 이 기적이 날마다 일어난다면 당장 가난의 문제가 해결될 수 있다고 생각할 것이다. 마치 소원대로 다 들어주는 동화 속의 도깨비방망이 같은 요술을 보는 것 같다. 그런데 그렇게 쉽게 일이 풀리지 않는 것을 보며 우리는 안타깝게 생각할 수 있다.

그러나 거기에도 투자 또는 흔쾌히 나누어진 밑천이 있었다. "기적은 일어날 만하니까 일어난다."라는 말이 있다. 과연 "너희가 먹을 것을 주라"(37절)라는 말씀에 최선을 다해 순종하여 누군가의 도시락이었을 떡 다섯 개와 물고기 두 마리가 헌납되었을 때, 예수님께서는 그것으로 축사하여 풍성한 식사의 향연을 베푸셨다. 그곳은 빈들이었지만 작은 희망의 불씨처럼 '푸른 잔디'가 있었듯이, 먹을 것을 구하기 힘든 그 '빈들'에서도 하나님은 다 먹고도 열두 광주리가 남는 풍성한 은혜로 먹을 양식을 공급해 주신 것이다.

1. 예수님께서 따라온 군중들을 가르치시고, 결국 오병이어의 기적을 일으키게 된 가장 큰 동기는 무엇입니까?(34절) 아울러 예수님께서 품으신 그 '불쌍히 여김'의 마음이란 어떤 것이었는지 상상해 보고, 우리의 경험에 빗대어 유사한 사례를 나누어 봅시다.

'불쌍히 여기셨다'는 말씀은 희랍어 '내장'(splanchna)의 동사형으로, 원문에 담긴 뜻은 애가 끊어질 듯이 치열한 연민이다. 얼마나 고통스러우면 내장이 끊어질 듯한 고통을 수반하겠는가? 그것은 깊은 고통의 공감을 동반한 연민의 발현으로써의 긍휼함이다. 긍휼히 여기는 자가 복이 있다는 말씀대로 긍휼은 그리스도인의 중요한 미덕이요, 하나님 나라의 자녀로서 우리의 정체성을 확인하는 근거이다. 우리 자녀가 신체에 이상 증세가 있어 먹지 못한 채 굶주려 삐쩍 말라 갈 때 부모로서의 심경을 상상해 보자.

2. 예수님께서 "너희가 먹을 것을 주라."라고 말씀하셨을 때, 제자들은 200데나리온(화폐 단위)의 떡이 필요하다고 응답했습니다. 실제로 우리가 먹을 것이 없어 굶주리는 가난한 이웃들을 돕고자 할 때, 예산이 필요하고 넉넉한 돈이 있어야 합니다. 그러나 교회마다 예산의 편성 기준이 각기 다르고, 개인이나 가정마다 살림의 규모와 씀씀이도 다 다릅니다. 그렇다면 우리는 필요한 예산과 넉넉한 돈이 없는 형편에서 어떻게 가난한 사람을 구제할 수 있습니까? 필요한 모든 것을 공급해 주시는 하나님의 풍성한 은혜는 어떻게 이 땅의 생명들에게 공평하게 나누어질 수 있습니까?

데나리온은 당시 은전의 명칭이다. 당시 노동자의 하루 품삯에 해당되는 가치로 마태복음 20 : 2~13에 그 사례가 나온다. 이 시대에 '졸부'를 향한 사회적 시선이 곱지 않다. 막대한 재산을 쌓았지만 부자의 윤리에 걸맞는 나눔의 삶이 실종되었다는 지적이다. 선진국의 사례와 비교하여 '노블레스 오블리제'(가진 자가 더 큰 책임을 가지고 더 통 크게 나누며, 그 지위와 신분에 걸맞게 살아가는 고결한 삶의 원칙)가 없는 우리나라의 실상을 꼬집기도 한다. 그리스도인은 성경의 말씀대로 하나님의 백성이요, 황실에 속하는 제사장으로서 누구보다 앞서 노블레스 오블리제의 덕목을 실천해야 할 의무가 있다. 그것은 우리가 흔히 경험하듯 소유한 재물의 절대 총량과 비례하지 않는다. 중요한 것은 그리스도의 사랑과 긍휼이 우리 심령에, 우리 교회의 신앙적 기준에 박혀 있는가 하는 점이다.

3. 사도 바울은 헌금의 원칙을 말씀하면서 구약성경의 만나 이야기에 근거하여 "이제 너희의 넉넉한 것으로 그들의 부족한 것을 보충함은 후에 그들의 넉넉한 것으로 너희의 부족한 것을 보충하여 균등하게 하려 함이라"(고후 8 : 14)라고 했습니다. 이와 같이 '균등하게 하려 함'이 헌금의 가장 중요한 원칙이라면, 오늘날 교회 안과 밖, 나아가 교회와 교회 사이에서 경험되는 빈부격차의 문제는 어떻게 해결할 수 있습니까? 복음적 신앙으로 이 문제에 대처하는 실천 방안을 궁리해 봅시다.

개인과 개인 사이의 빈부격차는 하루아침에 해결될 수 있는 성질의 문제가 아니다. 그것은 개인의 노력도 작용하고, 사회제도와 경제정책, 아울러 모든 이들에게 공평한 기회를 제공하는 정치적 이념과 그 방향도 중요하다. 그러나 그 원인을 후벼 대면서 아무리 개혁과 개선을 부르짖어도 사람의 마음이 탐욕의 상태에서 변하지 않으면 모든 노력은 물거품이 된다. 이른바 '회개의 열매'를 맺어 삭개오같이 회개한 가진 자들이 많이 나오고, 교회가 나눔의 선봉에 서서 미자립 농어촌교회의 실상을 같은 지체의식으로 깊이 체감하면서 조금이라도 더 돕고 나누고자 할 때, 희망이 더 커지고 풍성해진다. 이 대목에서 인도자는 그것을 가능하게 하는 것이 바로 고백과 함께 행동하는 '믿음'이요, '사랑'의 구체적 실천임을 진작시킨다.

성경에서 실천으로

이 땅의 심각한 경제위기, 빈곤문제에도 불구하고 희망은 도처에 널려 있다. 하나님은 변함없이 풍성하신 창조주 하나님으로서 우리의 부족함에도 불구하고 넉넉한 생명으로 채워 주신다. 예수 그리스도는 우리가 생명을 얻되 풍성하게 누리도록 하기 위해 이 땅에 오셨다(요 10 : 10). 또한 그리스도인으로 부름 받은 신실한 교회들마다 구제와 선교를 통한 나눔에 열심을 내고 있다. 개인으로 숨어서 은밀하게 구제활동을 하는 선한 손길이 있는가 하면, 좀더 조직적으로 이런 가난 구제의 선교에 동참하는 월드비전 단체 등의 이름은 우리에게 익숙하다.

'밥퍼' 목사님으로 유명해진 최일도 목사는 일찍이 "너희가 먹을 것을 주라."라는 예수님의 명령에 순종하여 일용할 양식 나눔의 사역에 선구적 역할을 수행해 왔다. 그밖에 병원과 학원에 자신의 소중한 재물을 기부하여 공공의 선행에 동참하는 교회와 교우들도 적지 않다. 소년소녀가장, 교도소의 수감자들, 각종 사회복지기관, 호스피스 단체 등에 예수님처럼 필요한 사랑의 손길을 펼쳐 생명을 살리려는 의욕이 우리 지역사회에 왕성하다.

그러나 부족함과 아쉬움의 지적도 없지 않다. 한국교회는 여전히 구제와 선교에 할당하는 예산이 너무 적다는 비판과 반성이 아직 사라지지 않고 있다. 이 사회의 극빈층에 대한 정책적 고려와 선교적 실천이 아직 체계화되지 못한 채, 일회성 선심 쓰기 차원에 국한되는 문제점이 지적되기도 한다. 좀더 일관되고 지속적인 실천이 필요하다. 체계적인 참여와 경제체제의 구조적인 변혁을 위한 법과 제도의 개선도 절실할 터이다. 이 모든 삶의 현장이 바로 하나님 나라가 이루어지는 자리이며, 교회의 선교가 관여해야 할 영역이 아닐 수 없다.

1. 나와 우리 교회가 이 땅의 빈곤문제를 타개하기 위해 실천해 온

구제활동이나 각종 사업이 있다면 무엇인지 정리하여 나누어 봅시다. 아울러 그것들의 성과와 부족한 점들을 짚어 보면서 앞으로의 비전과 실천 방향을 타진해 봅시다.

물론 개인적으로 은밀히 행한 구제활동을 공개적으로 발설한다는 것이 쉽지 않을 수 있다. 그러나 우회적으로 나와 주변의 경험에서 두루 공감하며 교훈 받을 만한 나눔의 미덕이 있다면 적극 나누도록 권한다. 교회의 구제활동 역시 교회의 형편에 따라 민망해지는 상황이 연출될 수 있으니, 아무리 교회 재정과 살림이 곤궁하더라도 그 형편을 민감하게 고려하여 더불어 돕고 나눌 수 있는 작지만 소중한 미담을 나누어 보자. 아울러 교회의 재정 형편이 상대적으로 넉넉한 교회라면 매년 재정 계획에서 나눔을 위한 분량을 2%씩이라도 늘려 나갈 수 있는 지혜를 모아 보는 것도 좋다.

2. 이 세상에서 절대 빈곤의 상황 가운데 일용할 양식을 제대로 취하지 못하는 생명들과 공명하고, 그들의 고난에 동참하기 위한 일상생활의 실천 방식을 제시하면서 구체적인 실천 계획을 수립해 봅시다.

절약의 미덕은 기독교의 복음에 잘 어울린다. 절약이 인색함을 위한 것이 아니라 좀더 소박한 오병이어의 기적을 위한 나눔 밑천의 비축이란 점에서 더욱 그렇다. 음식 쓰레기 줄이기, 한 달에 몇 차례씩 금식하여 성미 비축하기, 동전 모으기, 각종 바자회를 통한 구제활동 참여, 북한이나 아프리카 어린이 돕기 캠페인 참여, 매일 식사 때마다 굶주리는 이웃 기억하기, 교회에서 계획한 각종 구제활동 프로그램에 동참하기 등 적극적인 실천 계획을 세워 열매 맺을 수 있도록 피차 권면해 보자.

3. 교회와 교회 간의 빈부격차 현실을 짚어 보면서 이른바 '미자립 교회'가 경제적으로 자립할 수 있도록 돕거나, 미자립의 상태에서 교회가 스스로 그 현실을 극복할 수 있는 방안이 있다면 무엇인지 구체적으로 나누어 봅시다.

사랑의 시작과 끝이 관심이라고 하지 않던가? 오늘날 한국 농어촌교회의 실상은 거의 비참한 형편이라 해도 과언이 아니다. 그렇지 않다면 농어촌교회 교역자들의 이동률이 그리 많지 않을 것이다. 더구나 농어촌 공동화로 텅텅 비어 가는 마을 공동체에 희망의 불씨를 지피는 교역자들의 곤궁한 삶은 모든 한국교회의 공동 책임이다. 지역 특산물을 교회를 통해 서로 사고파는 형식의 직거래 방식은 이미 일부 교회에서 시행하는 행사이다. 그러나 일시적, 부분적 행사에서 그치는 경향에 있다. 한국교회와 교단 차원에서 대대적으로 체계를 갖춰 나간다면 생태적 농작물을 안심하고 사먹고 농촌은 교회를 매개로 고부가가치 작물을 재배해도 손해 보지 않는 win-win의 대안적 경제질서를 구축할 수 있을 것이다. 한편 우리 교회가 미자립교회라면 이러한 자립 프로그램을 자체적으로 활성화하여 탐욕으로 찌든 도시의 경제체제를 반성하게 만드는 존재가 되도록 하자. 이를 위하여 소박하면서도 풍족한 대안적 하나님의 경제를 향한 비전을 보여 줄 수 있는 방안이 무엇인지 한두 가지라도 구상하여 실천해 보자.

4. 오늘날 무한경쟁을 부추기는 신자유주의의 세계경제질서와 자본주의라는 주도적 경제체제를 균등한 나눔을 강조하는 '하나님의 경제'라는 신앙적 관점에 비추어 볼 때 그릇된 점은 무엇이며, 그것을 신자 개인 차원에서 또 교회와 교단 차원에서 개선할 수 있는 실행 가능한 방안이 있다면 무엇인지 논의해 봅시다.

이 대목을 나누기 위해서는 '신자유주의', '자본주의'라는 용어에 대한 기본적인 선이해가 필요하다. 이 개념 자체를 너무 장황하게 다루다 보면 본질을 놓치기 쉬우니, 간략하게 이런 개념의 특징을 인도자가 소개하고, 그것들이 끼친 역사 발전의 순기능과 오늘날 나타나는 폐단을 두루 짚어 준다. 여기서 중요한 것은 특정 경제 이념이나 현 체제의 부정적 모습을 비판하고 질타하는 데 있는 것이 아니라, 그 틈새로 엿보이는 하나님의 경제란 대안을 어떻게 이 시대 신자들의 일상적 삶 가운데 접맥시키느냐에 있다. 그러므로 이 주제는 개인 차원에서 할 수 있는 것과 교회나 교단 차원에서 할 수 있는 것을 잘 분별하여 무엇보다 단기적 또는 장기적 안목에서 '실행 가능한' 방안을 찾아 그것에 공감하는 데 집중하도록 한다.

7과

생명문화

7과 생명문화

본문말씀 요한복음 12 : 24~25

> 오늘의 말씀
>
> "내가 진실로 진실로 너희에게 이르노니 한 알의 밀이 땅에 떨어져 죽지 아니하면 한 알 그대로 있고 죽으면 많은 열매를 맺느니라 자기의 생명을 사랑하는 자는 잃어버릴 것이요 이 세상에서 자기의 생명을 미워하는 자는 영생하도록 보전하리라"(요 12 : 24－25).

수업목표 본 과를 통해서 인도자는 학습자에게

1. 생명의 핵심과 생명의 껍데기의 차이에 대해 알게 한다.
2. 생명 살림에 역행하는 오늘날 생명 죽임의 문화에 대해 이해하게 한다.
3. 기독교의 신앙이 생명을 살리는 일에 어떻게 연관되는지 파악하게 한다.

도움자료

노영상, 「기독교와 생태학」(서울 : 성광문화사, 2008).

______, 「녹색영성」(서울 : 쿰란출판사, 2004).

한국교회환경연구소 편, 「현대생태신학자의 신학과 윤리」(서울 : 기독교서회, 2006).

세상 바라보기

아래는 손인웅 목사의 "생명목회칼럼 : 왜 생명목회인가?"라는 제목의 글로 「한국기독공보」에서 발췌한 것이다.

> 21세기 인류의 최대 관심사는 생명문제가 될 수밖에 없다. 그 이유는 지나간 세기에 인류가 저질러 놓은 반생명적 죄악의 결과로 인간과 생태계와 지구환경 전체가 총체적으로 파괴되었기 때문이다. 그동안 인류는 자기중심적인 가치관과 끝없는 탐욕과 물신주의 사상과 반신(反神)적 사상과 과학만능주의로 일관했고, 그로 인하여 창조세계의 모든 생명체들이 죽어 가고 있다.
> 최근에 와서는 창조의 신비에 속하는 생명복제까지 시도함으로 창조세계의 생명체계의 재앙을 예고하고 있다. 종교적 신념과 세계 평화라는 미명 아래 지금 세계 도처에서 자행되는 얼굴 없는 전쟁 테러리즘과 중동지방의 일련의 전쟁은 인류가 과거에 경험하지 못했던 새로운 전쟁이며, 그 가공할 만한 파괴력은 상상을 초월하는 규모이다. ……
> 또한 인간 중심의 생명 이해 때문에 모든 생명체는 인간의 생명을 위한 먹이로 전락하게 되어 인간들에 의해서 무참하게 희생됨으로 지구 생명공동체는 모든 생명들이 살아가기에 부적절한 환경이 되고 말았다. 뿐만 아니라 인간의 생명에 대한 이해도 영과 육을 나누는 이원론적인 인간관 때문에 육체는 죄악시하고 영적 구원에만 전념함으로 성도들의 신앙과 삶에 엄청난 괴리현상이 나타나 이중적인 갈등구조의 신앙인들을 양산하게 되었다.
> 이러한 이원론적인 세계관과 역사관과 인간관 때문에 창조세계와 사회와 인간성이 총체적으로 파괴되고 있다. 21세기를 맞이한 세계교회는 지구 생명공동체의 위기에 대한 책임을 통감하면서 하나님 중심의 세계관을 확립해서 통전적 신앙과 신학을 근거로 한 목회의 패러다임을 바꾸어 생

명을 살리는 목회를 지향해야만 할 것이다. '하나님의 나라 실현'이라는 교회의 궁극적인 목표를 성취하기 위해 신앙과 신학의 지평을 넓혀 나가면서 하나님 중심의 창조세계와 하나님의 생명에 연대되어 있는 모든 생명들을 살리고, 역사와 문화와 지역사회를 살리기 위한 생명목회의 영역을 확장해야만 할 것이다. ……
이러한 의미에서 우리 교단이 "생명살리기운동10년"을 선포하고 생명목회를 대안으로 설정한 것은 시의적절한 결단으로 하나님의 역사적 소명에 응답하는 일이기에 모든 피조물과 더불어 기뻐하며 하나님께 영광을 돌린다.

1. 오늘 시대에 있어 생명파괴의 실례들을 서로 나누어 봅시다.

오늘날 생명파괴의 실례들로 우리는 다음의 내용들을 열거할 수 있다. 생태계의 파괴 및 지구온난화 현상, 과도한 생명공학 기술의 사용에 따른 재앙의 위험, 국가 간의 전쟁, 특히 핵전쟁의 위협, 과도한 동식물들 착취, 자살·안락사·낙태 등의 생명경시 풍조의 만연, 부정의한 세계경제에 따른 기아의 확산, 에이즈, 사스, 조류독감 등 치명적 전염병들의 창궐 등이 있다.

2. 이러한 생명파괴의 심도 깊은 원인들이 무엇이라고 생각하는지 이야기해 봅시다.

이와 같은 생명파괴의 심도 깊은 원인은 상당히 다각적인 바, 그 내용들은 다음과 같이 분석될 수 있다. 인간의 이기적인 욕망 및 자기중심성이 야기하는 파괴적인 결과들, 과학만능주의의 결과로 나타난 환경문제들, 인간중심주의에 따른 생태계의 파괴, 자민족중심주의에 따른 전쟁의 확산, 자유방임의 자본주의에 따른 인간성 말살과 환경의 파괴, 윤리적 장치가 결여된 생명공학의 과도한 추구, 동물학대 및 공장식 영농(동물사육)에 따른 치명적 바이러스들의 출현, 재생 불가능한 자원들의 남용에 따른 지속 가능성의 위기, 국가 간의 군비경쟁에 따른 핵 확산의 위험, 인간과 하나님과의 관계 단절 등이 있다.

세상에서 성경으로

생명을 언급하는 헬라어 단어에는 '비오스'와 '조에', 두 가지가 있다. 이 '비오스'와 '조에'의 용법을 성구를 통해 살피면 다음과 같다.

생명을 언급하는 헬라어	성 구	한글 번역	영어 번역
'비오스'(bios)가 사용된 성구	눅 8 : 14	이 '생'	"this life"에서 "life"에 해당하는 단어가 '비오스'이다.
	요일 2 : 16	이 '생'	"this life"에서 "life"에 해당하는 단어가 '비오스'이다.
'조에'(zoe)가 사용된 성구	요 3 : 16	영 '생' (영원한 생명)	"eternal life"에서 "life"에 해당하는 단어가 '조에'이다.
	요일 1:1-2	생명	"life"

'조에'는 내연적인(intensive) 생명을 말하는 반면, '비오스'는 외연적인(extensive) 생명을 의미한다. 보통 '비오스'는 개역성경에서 '생활'(living)이란 말로 번역되는 바, 생명의 본질을 지칭하기보다는 생명의 지속과 생명유지의 방편 및 수단이란 의미로 쓰인다. '조에'는 생명의 핵심과 본질을 말하는 반면, '비오스'는 그 생명을 유지하기 위한 방편 및 생명의 껍데기를 의미하는 뜻으로 사용된다. 이에 성경에서 더 중요하게 생각되는 것은 '조에'라는 생명의 개념이다.

1. 생명을 유지하는 수단이나 방편으로서의 '비오스'에 해당하는 것들의 예를 들어 봅시다.

생명을 유지하는 수단이나 방편으로서의 '비오스'에 해당하는 것들의 예를 들어 보면 다음과 같다. '비오스'는 생명의 수단을 의미하는 말로 보통 사용되는 바, 우리가 생명을 유지하기 위해서는 건강과 물질(돈)과 생식능력과 힘(권력) 등이 필요하다.

2. '조에'를 추구하지 않고 '비오스'를 추구하는 삶의 결말에 대해 생각해 봅시다.

'조에'를 추구하지 않고 '비오스'를 추구하는 삶의 결말에 대해 성경은 다음과 같이 언급한다. 온전히 결실하지 못하고 껍데기만 남는 쭉정이가 된다는 것이다(마 3 : 12, 13 : 18-23을 참조).

요한복음에서는 생명이란 개념이 '영생'이란 말로 종종 표현된다. '영생'은 헬라어로 '조에 아이오니오스'(eternal life, 영원한 생명)로 되어 있다. 기독교가 말하는 생명이란 단어의 의미를 알기 위해서는 그 단어를 수식하고 있는 형용사 '아이오니오스'라는 단어의 의미를 파악함이 필요하다. 여기서 형용사 '아이오니오스'란 단어는 상당히 복합적인 의미를 갖는 말임에 유의해야 할 것 같다. 헬라어 사전에서 보면, 그 '아이오니오스'라는 형용사가 '본질적인'(essential), '영원한'(eternal), '우주적인'(universal), '종말적인'(eschatological), '신적인'(divine) 등의 다양한 뜻을 가진 단어라는 것을 알 수 있다.

3. 본질적인 생명, 영원한 생명, 우주적인 생명, 종말적인 생명, 신적인 생명이 각각 의미하는 바에 대해 이야기해 봅시다.

'본질적인'(essential) : '아이오니오스'란 단어는 '본질적인'이란 의미를 갖는다. 이 의미를 택하여 '조에 아이오니오스'를 번역하면, 본질적인 생명, 참생명이 될 것이다. 껍데기의 생명이 있고, 핵심적인 본질적 생명이 있다. 성경은 생명을 유지하는 수단이나 방편으로서의 껍데기 생명을 '비오스'라고 말하며, 생명의 알곡 및 핵심과 같은 부분을 '조에'로 표현한다. 우리가 진정으로 추구하여야 할 생명은 눈에 보이는 껍데기의 생명이 아니며, 그 생명의 바탕을 이루는 '조에'로서의 생명이다. 그러나 물론 이 말이 '비오스'로서의 생명이 중요하지 않음을 나타내는 것은 아니다.

'종말적인'(eschatological) : '아이오니오스'라는 단어는 헬라어 '아이온'(αἰών), 곧 영어 '에온'(eon)을 어근으로 갖는다. '에온'은 '우주의 한 시대'를 의미하는 것으로, '에온'이 바뀌면 새로운 세상이 열리게 되는 것이다. 성경은 우리에게 예수 그리스도의 재림과 함께 도래할 새로운 하늘과 새로운 땅이 열리는 새 세상(에온)에 대해 설명한다. '조에 아이오니오스'는 그 새로운 '에온'에서의 생명을 나타낸다. 지금 여기에서 맛보는 종말에서의 생명이 '조에 아이오니오스'이다. 우리가 천국에서 맛볼 그 온전한 생명이 그리스도와 함께 도래한 종말 속에서 우리에게 드러나게 된 것이다.

'신적인'(divine) : 그 종말은 하나님께서 우리에게 가져다주시는 것으로써, '아이오니오스'란 단어는 또한 하나님이 부여한 생명을 의미한다. 창세기 2 : 7은 하나님께서 사람을 흙으로 지으시고, 그 코에 주님의 생기를 불어넣으셨다고 한다(시 104 : 29). 모든 생명은 하나님에게서 나온 것으로 하나님은 생명의 기원이 되시고, 주인이 되신다. 또한 요한복음 10 : 28은 "내가 그들에게 영생을 주노니 영원히 멸망하지 아니할 것이요 또 그들을 내 손에서 빼앗을 자가 없느니라"라고 말한다. 영생이 하나님에게서 부여된 것임을 언급하는 구절이다. 그러한 하나님의 영생은 그의 아들 예수 그리스도 안에 있는 것으로(요일 5 : 11), 우리는 그 아들을 믿음으로써 영생을 얻게 된다(요 17 : 3, 3 : 16, 6 : 47). 예수 그리스도는 하나님 안에 있는 영생을 드러내시고 우리에게 가져다주신 분이다. 인간은 예수 그리스도와 연합됨을 통하여 '조에 아이오니오스'의 기쁨을 누리게 된다. 히브리서 9 : 14에는 '영원하신 성령'이란 단어가 나타난다. '영원하신'이란 단어는 헬라어 '아이오니오스'로 쓰였다. 그 구절은 하나님이신 성령의 속성을 한마디로

'영원하신' 분으로 언급한다.

'영원한'(eternal) : '아이오니오스'란 단어는 성경에서 대부분 '영원한'(eternal)이란 단어로 번역되고 있다. 인간의 생명은 시간적인 한계 속에 있다. 야고보서 4 : 14은 "……너희 생명이 무엇이냐 너희는 잠깐 보이다가 없어지는 안개니라"라고 한다. 예수 그리스도 안에 있는 생명은 시간적인 굴레를 뛰어넘은 영원한 생명인데 비해, 오늘의 타락한 인간의 실존은 그러하지 못하다. 그리하여 우리의 시야가 원시하지 못할 때가 많아 한치 앞의 상황도 파악하지 못한 채, 그릇 행하곤 한다. 우리는 이 같은 근시안적인 인간의 전망을 넘어서는 신 중심적인 전망과 생명을 회복할 필요가 있다.

'우주적인'(universal) : 히브리서 11 : 3은 믿음으로 모든 '세계'가 하나님의 말씀으로 지어진 줄 알게 됨을 언급한다. 여기에서의 '세계'란 헬라어 '아이온'으로 쓰는 바, 이 세상 곧 우주를 지칭하는 단어라 할 수 있다. 이 우주는 하나님의 말씀에 의해 창조된 것으로, 하나님 안에서 하나 됨을 유지하고 있다. 이에 '조에 아이오니오스'는 하나님께서 창조하신 전 우주에 연결된 우리의 삶의 모습을 나타낸다. 인간의 생명은 하나님이 창조하신 세상과의 긴밀한 관계 속에 실재한다. 자연과의 생태적 관계, 이웃과의 사회적 관계, 하나님과의 영적인 관계의 온전함 속에서 인간의 생명은 온전하게 유지될 수 있다. 인간은 자기라는 존재를 통해, 공간적 제약 속에 감금되어 있다. 그러나 우리는 이 세상과 우주를 창조하신 하나님과의 교통을 통하여, 우주에 대해 개방된 삶의 모습을 갖게 된다. '영원한'이란 의미가 미래와 영원한 시간을 향해 개방된 우리의 삶의 모습을 드러내는 것이라면, '우주적인'이란 번역은 세상과 우주에 대해 열려진 인간의 삶의 모습을 나타낸다.

진정한 생명은 '조에'의 생명으로써 시간적으로는 영원하고, 공간적으로는 우주적인, 곧 시간적인 전망과 공간적인 전망에서 넓게 펼쳐진 생명이라 할 수 있다. 찰나적 쾌락에 만족하며 시간적으로 짧은 삶을 추구할 수 있다. 그러나 진정한 삶은 영원까지 넓혀진 지평을 우리에게 요구한다.

자기 폐쇄적인 좁은 공간으로 제한된 이기적인 삶을 살 수 있다. 그러나 우주적 지평으로 넓혀진 신적인 삶을 영위할 수도 있는 것이다.

기독교가 말하는 참삶이란 제한된 좁은 시간과 공간적인 삶이 아니며, 그러한 시공간적 제한을 뛰어넘는 폭넓은 의미의 삶임을 우리는 깨닫게 된다. 시간의 제한을 넘어 무궁한 삶을 영위하며, 공간적 제한을 넘어 우주 저 멀리의 공간까지 펼쳐진 열린 삶을 영위하는 것이다. 성경은 그러한 무궁하고 궁극적인 삶을 그리스도를 통해 얻을 수 있다고 언급하면서 그리스도가 참되고 본질적인 생명의 길임을 강조하며, 그리스도에 대한 믿음에 의해 우주를 창조하신 하나님과 연결된 신적인 삶을 살게 될 수 있음을 강조한다.

기독교가 말하는 참생명은 십자가의 능력을 통해 부여된다. 그리스도의 십자가 정신은 자기부정의 정신으로, 십자가의 구원을 통해 신자는 자신을 넘어 더 넓은 세계로 나아가게 된다. 기독교의 구원은 우리를 얽매고 있는 시간과 공간의 축을 확장하여 우리로 하여금 샬롬에 이르게 한다. 그리스도 안에서 나를 향한 수렴과 남을 위한 확산을 반복하며, 우리는 전망의 궤적을 넓혀 나가게 된다. 우리의 생명은 우주 전체를 포괄하는 하나님과 연결되어 있을 때 역동성을 갖는다. 그리스도 안에서 나를 십자가에 매어 닮을 통해 모든 것의 모든 것 되시는 하나님께 다다르며, 그로 인해 우리는 하나님의 영원한 참생명에 이르게 된다.

성경에서 실천으로

진정된 생명일수록 시간적으로, 공간적으로 확장된 생명임을 알았다. 영원의 지평까지 확장된 생명은 찰나적 삶을 영위하는 생명보다 질에 있어 우수하다. 또한 우주적으로 확장된 생명은 자기 안에 폐쇄된 생명보다 질적으로 더 우수한 것이다. 나만을 위한 삶에서 이웃을 위한 삶으로, 그리고 사회와 국가, 인류와 세상, 더 나아가 우주를 위한 삶으로의 전망 확대는 우리 삶에 생명성을 더하는 것이다.

그리스도 안에서 자기를 넘어서서, 하나님과 전체를 향해 나아가는 이러한 생명정신은 오늘의 그릇된 문화를 비판한다. 자기중심주의(egocentrism), 인간중심주의(anthropocentrism), 자민족중심주의(ethnocentrism), 남성중심주의(androcentrism), 자유방임의 경쟁적 자본주의(capitalism), 자기 종교 밖에 있는 사람들에 대한 선교의 열정을 후퇴시키는 종교적 폐쇄주의 등의 문화가 초극의 대상이다.

1. 자기중심주의 문화의 파괴성에 대해 이야기해 봅시다.

하나님이 없는 옹졸한 생명은 시간적, 공간적으로 좁은 제한성을 벗어나지 못하게 된다. 이런 타락된 생명문화는 우리에게 죽음을 향한 문화를 야기하는데, 그런 문화로 자기중심주의 문화, 자민족중심주의 문화, 인간중심주의 문화 등을 들 수 있다.

자기중심주의 문화는 무서운 파괴성을 우리에게 보여 준다. 오늘의 지나친 개인주의적 경향 및 자기중심주의는 극복되어야 할 대상 중 우선이다. 개인주의를 조장하는 교육환경, 개인주의에 입각한 정치 · 경제구조 등 우리의 보다 넓은 전망에의 투신을 방해하는 많은 것들이 있다. 나만의 자유, 나만의 성공을 위한 삶, 이기적인 경제활동 등 우리는 이 같은 한계를 넘어 더 넓은 세계를 향해 나아갈 수 있어야 한다.

2. 자민족중심주의 문화가 야기하는 폭력적인 상황에 대해 언급해 봅시다.

자민족중심주의 문화는 우리에게 폭력적인 상황을 가져다준다. 최근 세계의 많은 전쟁들 중 한 국가 내의 다른 인종들의 갈등 및 인종이 다른 국가와 국가 간의 갈등에서 야기된 경우가 적지 않다. 특히 여러 나라들 내에서 발견되는 인종차별과 이주민에 대한 학대는 많은 문제들을 야기하고 있다. 이에 우리는 이 같은 자민족중심의 배타성에서 돌이켜 모든 민족을 형제같이 생각하는 사해동포적 입장을 추구하는 것이 필요하다. 또한 다양한 종교의 만남은 자칫 종교 간의 반목과 문명의 충돌로 비화될 수 있기에 오늘과 같은 복잡한 종교상황 속에서 종교 간의 평화를 도모하는 일에 관심을 가져야 할 것이다. 많은 국제 간의 분쟁들이 민족적이며, 종교적인 상이성에 기인하기 때문에 상이한 종교적 전통을 가지고 있는 국가들 간의 갈등의 가능성에 유념할 필요가 있을 것 같다.

3. 인간중심주의 문화가 야기한 오늘의 환경문제에 대해 이야기해 봅시다.

인간중심주의적인 옹졸한 문화 또한 우리에게 많은 생태적 어려움을 가져오게 하였다. 특히 인간을 중심으로 하여 인간을 만물의 척도로 생각하는 것으로 인해 오늘날 많은 환경문제를 야기하게 되었다. 인간 위주의 동식물 착취, 인간의 소용을 위한 자원의 낭비, 지나친 자원 남용에 따른 공해물질 및 이산화탄소의 과다 배출 등 인간 중심의 사고방식이 오늘의 아름다운 자연을 파괴시키고 있는 것이다.

폭력과 파괴와 죽임의 문화는 모두 자기 안으로 움츠러드는 옹졸함과 시간의 영원한 지평을 망각하는 데에서 비롯된다. 자민족만을 옹호하는 폐쇄적 생각으로는 세계의 평화가 이룩될 수 없다. 우리 후세들의 삶을 배려하지 않을 때 환경파괴는 더 심해지기 마련이다. 공간 전망과 시간 전망의 확장 없이는 생명의 바른 보존이 불가능하다. 생명문화는 '조에 아이오니오스'의 문화로서 그 영원한 생명은 그리스도의 십자가가 아니고서는 획득되지 않는다. 주님의 십자가를 믿음이 우리의 생명의 길인 것이다(갈 5 : 16-24).

4. 주님의 십자가를 믿는 것이 왜 생명의 길인지 생각해 봅시다.

마지막으로 주님의 십자가를 믿는 것이 왜 생명의 길이 되는지 생각해 보고자 한다. 성경은 인간 생명이 소중하지만 절대적인 것으로 말하지는 않는다. 성경은 인간의 생명이 두 가지의 측면에서 제한되는 것임을 강조한다. 먼저 인간은 하나님이 지으신 피조물로서 인간의 생명이 하나님의 영광을 위해 존재하는 것임을 성경은 언급한다. 인간은 아무도 자기를 위해 사는 자가 없다. 인간은 사나 죽으나 다 주의 것일 뿐이다(롬 14 : 7-8). 인간의 생명을 제한하는 또 하나의 요소가 있다. 그것은 이웃의 존재이다. 마가복음 10 : 45에는 "인자가 온 것은 섬김을 받으려 함이 아니라 도리어 섬기려 하고 자기 목숨을 많은 사람의 대속물로 주려 함이니라"라는 말씀이 있다. 위의 구절들은 자기 목숨을 제한할 수 있는 더 큰 가치에 대해 말한다. 하나님 사랑과 이웃 사랑은 우리 생명의 제한성의 표지이며, 동시에 인간 생명의 원천이 되기도 한다.

'조에'의 첫 번째의 원리는 요한복음 5 : 24에 나타난다. "내가 진실로 진실로 너희에게 이르노니 내 말을 듣고 또 나 보내신 이를 믿는 자는 영생을 얻었고 심판에 이르지 아니하나니 사망에서 생명으로 옮겼느니라" 그리스도를 통해 우리는 하나님을 알게 되고 그 하나님을 사랑함으로 사망에서 벗어나 생명에 이르게 된다. 우리의 목숨을 보존하기 위해 하나님을 믿는 것이 아니다. 우리의 목숨을 희생하여서라도 하나님을 사랑하는 것이 참생명의 길이다(시 63 : 3). '조에'의 두 번째의 원리는 이웃을 사랑함과 연관된다. 요한1서 3 : 14은 다음과 같이 언급한다. "우리는 형제를 사랑함으로 사망에서 옮겨 생명으로 들어간 줄을 알거니와 사랑하지 아니하는 자는 사망에 머물러 있느니라" 나를 위해 열심히 일하고 열심히 먹는 것에서 생명이 야기되는 것이 아니라, 남을 위해 나의 삶의 에너지를 쓰는 것에 생명이 있다는 것이다. 마가복음 10 : 45은 "인자가 온 것을 섬김을 받으려 함이 아니라 도리어 섬기려 하고 자기 목숨을 많은 사람의 대속물로 주려 함이니라"라고 한다. 목숨을 소유하고 쌓아 두는 데에 생명이 머무는 것이 아니다. 남을 위해 목숨을 주는 데에 오히려 참생명이 깃들게 된다.

기독교의 생명의 원리는 그렇게 줌으로써 얻는 원리이다. 마태복음 16 : 25은 이러한 측면을 또렷이 설명한다. "누구든지 제 목숨을 구원하고자 하면 잃을 것이요 누구든지 나를 위하여 제 목숨을 잃으면 찾으리라" 요한복음 12 : 24~25의 말씀도 같은 연장선상에 있다. "내가 진실로 진실로 너희에게 이르노니 한 알의 밀이 땅에 떨어져 죽지 아니하면 한 알 그대로 있고 죽으면 많은 열매를 맺느니라 자기의 생명(프쉬케)을 사랑하는 자는 잃어버릴 것이요 이 세상에서 자기의 생명을 미워하는 자는 영생하도록 보전하리라" 우리는 생명문제를 이야기하면서 위와 같은 성경의 생명원리에 유의하여야 한다.

이상과 같이 기독교의 '조에'의 원리는 십자가의 원리로 볼 수 있다. 그 십자가의 원리는 십계명의 원리로써 우리는 나의 생명을 희생해서라도 하나님과 이웃을 사랑함을 통해 참생명에 이르게 된다. 예수 그리스도는 십자가의 참생명의 원리를 우리에게 나타내신 분으로 인간은 그 안에서 생명과 부활을 경험하게 된다(요 11 : 25-26). 하나님께 있던 생명이 예수 그리스도와 함께 드러나게 되었으며, 그를 통해 하나님 안에 있는 생명을 믿는 자는 구원을 얻게 되는 것이다(요일 1 : 1-2).

예수 그리스도의 십자가는 수직적으로는 하나님에 대한 사랑과 복종의 표시이며(마 26 : 39), 수평적으로는 인류 전체에 대한 사랑의 표지이다. 그 십자가의 원리는 일상적인 인간의 이성으로는 이해하기 힘든 원리로써 우리는 그러한 원리를 믿음으로만 깨닫게 된다. 목숨을 잃으면 얻는다는 것, 줌으로 받는다는 것, 나의 생명을 미워함으로 영생에 이르게 된다는 것은 기독교 생명의 신비이다.

우리는 가끔 내 속에 생명의 힘이 충전되면 하나님과 남을 위한 헌신을 할 것이라고 생각하곤 한다. 그러나 성경의 원리는 그 순서를 달리한다. 하나님과 이웃을 사랑하여 살기 시작할 때 참생명을 얻게 된다는 것이다. 생명의 원리는 철저히 관계이며, 교통이고, 커뮤니케이션이다. 한 중심체와 다른 중심체 사이에 내용물의 이전과 상호교환 및 정보의 교환이 없이는 어떤 생명체도 존립할 수 없다. 얼핏 보면 존재들이 따로따로 생존하는 것 같아 보이지만, 모든 것들을 깊이 바라보면 볼수록 서로 어우러져 있으며, 뗄 수 없는 고리로 연결되어 있음을 알 수 있다.

예수 그리스도께서는 최후의 만찬을 통해 이것이 만인을 위한 나의 살이며 피라고 말씀하셨다. 만인과 만물을 향해 자기의 것을 주고 분여하는 것이 부활의 원리요, 영생의 원리이다. 예수 그리스도는 오늘 우리에게 그 십자가 부활의 원리를 확신할 것을 요청하고 계신다. 생명의 문화는 십자가의 정신과 문화가 아니고서는 이루어질 수 없기에 우리는 십자가를 통해 죽음의 문화에서 벗어나 생명문화의 세계로 들어가게 되는 것이다.

8과

교회와 신앙인의 사회봉사

8과 교회와 신앙인의 사회봉사

본문말씀 마태복음 25 : 31~46

오늘의 말씀

"임금이 대답하여 이르시되 내가 진실로 너희에게 이르노니 너희가 여기 내 형제 중에 지극히 작은 자 하나에게 한 것이 곧 내게 한 것이니라 하시고"(마 25 : 40).

수업목표 본 과를 통해서 인도자는 학습자에게

1. 예수 그리스도의 존재가 초월적이면서도 동시에 세상 한복판에 현존하심을 알도록 한다.
2. 예수 그리스도를 믿는 신앙과 사회봉사가 서로 뗄 수 없이 결합되어 있음을 깨닫게 한다.
3. 신앙인과 교회가 사회봉사활동에 필연적으로 참여하도록 한다.

도움자료

김옥순, "기독교 사회봉사활동과 생명살림 실천," 대한예수교장로회총회 생명살리기운동10년위원회 편, 「하나님 나라와 생명살림 실천 : 노회의 사례와 신학적 평가」(서울 : 대한예수교장로회총회, 2009), pp. 193 – 241.

세상 바라보기

우리 사회에는 육체적, 정신적, 경제적으로 고통받으면서 살아가는 소외된 사람들이 많이 있다. 이들은 빈곤층, 장애인, 이주노동자, 소년소녀가장, 독거노인, 한 부모 여성 혹은 남성 등이다. 이들에 대한 보건복지부 통계자료 2007년도 기준 공식집계를 중심으로 살펴보자면 다음과 같다 : 전국적으로 빈곤층 극빈자 수는 852,420세대에 1,549,848명이며, 소년소녀가장은 1,630세대에 2,501명, 저소득 한 부모가정이 149,947세대에 395,335명, 병든 자로서 1종 의료급여 대상자는 빈곤층과 시설보호에 있는 사람, 그리고 북한 이탈민을 합쳐 946,654명이다. 그리고 한센병으로 소외당하며 살아가는 자가 5,137명에 이르고 있다. 또한 보건복지부 통계 가운데 2007년도에 집계된 독거노인 가운데 주 1회 이상 결식하는 노인이 전체 노인 가운데 17%에 달하며, 이 가운데 손자녀와 형제자매가 없는 노인이 8%에 이르고 이들은 외로움과 소외감으로 살아가고 있다. 또한 노숙자들은 2007년도에 3,461명에서 2008년도에는 9,432명으로 늘어난 추세이다(보건복지가족부 통계연보 2008년 11월 발표). 특히 한국여성정책연구원 보고에 따르면, 이들 노숙자 가운데 가정폭력 때문에 노숙자가 된 여성이 3,305명으로 전체 노숙자의 34.8%를 차지하고 있다(한국여성정책연구원 제26차 국내여성정책동향, 2009년 4월 1일자).

이러한 세상 한복판에서 묵묵히 이들을 돌보는 사람들이 있다.

> 한 여성은 독거노인으로 살아가는 할아버지, 할머니 집을 찾아다니면서 퀴퀴한 방 냄새에도 아랑곳하지 않고 방으로 들어가서 속옷과 이불 등 빨래와 청소를 해 주며 행복해 한다. 또한 소위 "헬프 미(help me) 아줌마"는 평생 동안 양말과 칫솔, 스타킹, 넥타이 등을 가지고 행상을 하면서 모은 돈으로 가정환경이 어려운 학생들에게 준 장학금이 족히 10억 원이 넘

었다. 이제는 "헬프 미 할머니"가 된 그녀는 몇 년 전에 정작 자신이 자궁경부암 3기 판정을 받고서는 치료비가 없어서 고생하기도 했지만, 그녀의 입에서 나오는 말은 "베푸는 것은 내가 죽어야 끝나지……."라는 것이었다(인터넷 naver 지식 in : 어려운 이웃을 도와주는 사람들).

서울에 있는 모 병원에서 과장으로 근무하는 김 모 집사는 경제적인 빈곤으로 인해서 치료를 받지 못하는 사람들을 위해 자신의 의술로써 하나님께 "수술 십일조"를 드리며 살아가고 있다. 김 집사는 노숙자, 주민등록 말소자, 외국인 등 사회에서 소외당한 사람들에게 무료로 수술을 해 준다. 그러면서도 그의 고백은 치료를 해 준 후에 고맙다는 큰절을 받기 원했던 자신을 돌아보면서 진정한 섬김은 아무것도 바라지 않는 것이라고 하였다(http://blog.daum.net/holypep, 2008년 11월 20일자 기사).

요즈음 신앙인과 교회들이 우리 주변에서 어렵게 살아가는 사람들에 대한 관심을 가지고 돌보고 있다. 이는 우리가 그동안 "가난은 나라도 구제하지 못한다."라는 말을 흔하게 들을 수 있었다면, 이제는 교회가 많이 변화된 모습을 보여 주는 것이다. 무엇보다도 우리 예장통합 교단에서는 10년 계획 속에서 생명살리기운동과 함께 본 교단에 소속되어 있는 교회와 신앙인의 사회봉사를 다양하게 실천해 가고 있다. 이를테면, 사회적으로 취약한 계층의 지역주민들을 위한 봉사, 장애인을 위한 봉사, 노동자 및 외국인 약자를 위한 봉사, 그리고 노인들을 돌보는 봉사 등이다.

그렇다면 왜 교회는 사회적인 약자들을 돌봐야만 하는 것일까? 오늘날 우리나라 국가가 종교단체들이 수행하는 봉사활동에 대해서 재정적으로 지원을 하기 때문일까? 아니면, 개신교의 교세 성장이 둔화되어 가기 때문에 교세 확장을 위해서 사회적 약자를 돌보는 것인가? 그러나 분명한 것은 교회의 사회봉사는 근본적으로 이러한 상황적인 요청에 의해 어떠한 목적을 이루기 위한 수단으로써 그 동기가 되어서는 안 된다는 것이다. 그렇다면 신앙인과 교회의 사회봉사는 본질적으로 무엇에 근거하는 동기인가?

도움말

우리가 너무나 잘 알고 있는 루터의 믿음으로 의로워진다는 칭의론에 대한 왜곡으로 인해서 개신교는 그동안 신앙인의 봉사 행동을 도외시하였으나, 실제로 루터의 칭의론은 이웃에 대한 봉사와 뗄 수 없는 관련을 가지고 있다. 루터가 이해한 신앙은 하나님의 선물로써 주어진 것으로, 하나님의 뜻을 인식하며 수용하는 것이다. 여기서 하나님의 뜻을 받아들인다는 것은 행동하는 신앙을 내포하는 것이며, 이러한 신앙은 세상과 인간이 하나님의 뜻을 이루는 봉사의 도구가 되어야 함을 말한다. 하나님과 함께 활동하는 자로서 자유로워진 신앙인은 당연히 이웃과 사회에 대한 봉사 행동으로 나가는 것이다. 그래서 루터는 신앙인의 소유를 이웃에 대한 봉사를 위한 것으로 이해하였다. 이러한 맥락에서 루터는 1523년에 지역사회복지 재정공단인 라이스니히(Leinsnig) 공동함 설립에 적극적으로 앞장서서 칭의론의 구체적인 삶으로써 사회적인 약자들을 돌보는 조직적이고 체계적인 지역사회복지를 실천하도록 하였다. 그리고 이러한 신앙전통은 오늘날 독일을 비롯한 루터교 전통을 가진 스칸디나비아 국가들이 세계적인 선진 복지국가를 이루는 일에 초석으로 기여하기도 하였다. 개혁신학자인 칼뱅 역시도 성경계시의 증언으로써 신앙과 봉사의 삶을 불가분리의 관계로 이해하였고, 1561년에 최종적으로 제정된 교회법령을 통해서 제네바에서 복지공동체를 이룩하였다.

현재 우리 예장통합 교단에서는 10년 동안 생명살리기운동 전개와 함께 본 교단에 소속되어 있는 교회들과 노회들이 사회봉사를 다각적으로 수행해 가고 있다. 본 교단 소속 각 노회를 중심으로 실천한 사회봉사의 내용들은 총회기획국에서 주관해서 펴낸 "생명살리기 사례집"에 잘 수록되어 있다. 이를테면, 사회 속에서 어려움을 겪고 살아가는 여러 부류의 사람들을 돌보는 봉사로써 사회적으로 취약한 계층의 지역주민들을 위한 봉사, 장애인을 위한 봉사, 노동자 및 외국인 약자들에 대한 봉사, 그리고 노인들을 돌보는 봉사 등이다. 이렇듯 본 교단이 정책적으로 사회봉사에 대한 관심을 가지고 앞장서서 실천하는 것은 중요하고 의미 있는 일이라고 할 수 있겠다.

그렇다면 왜 교회는 사회적인 약자들을 돌보는 봉사를 해야만 하는 것일까? 혹시 이는 단지 개인적이고 사회적인 윤리규범으로부터 나오는 동기인가? 아니면 오늘날 우리나라의 복지정책 속에서 종교단체들이 수행하는 봉사활동에 대한 재정적인 지원이 교회로 하여금 약자를 돌보도록 하는 동기인가? 아니면 개신교의 교세 성장이 둔화되어 가기 때문에 교세 확장을 위해서 사회적 약자를 돌보는 것인가? 그러나 분명히 말해서 교회의 사회봉사는 이러한 상황적인 요청에 의해서 각각의 목적을 이루기 위한 동기로부터 출발해서는 안 된다. 왜냐하면 비록 교회의 사회봉사가 사회 속에서 요청되는 욕구에 대한 해결을 제공하는 것일지라도 이는 교회의 봉사요구 현장으로써 주어진 것일 뿐이며, 이와 같은 상황적인 욕구 해결의 동기로부터 출발하는 교회의 사회봉사는 사회적인 환경이 변화될 경우 지속적인 봉사를 실천해 가기가 쉽지 않기 때문이다. 나아가 이러한 외부적인 환경요인에 의해서 교회와 신앙인이 사회봉사를 실천하게 될 경우에는 사회봉사의 고유한 동기와 그 영성의 부족으로 인해서 결국에는 교회의 본질을 훼손하게 되는 결과를 가져올 수도 있는 것이다.

그러므로 우리는 교회의 사회봉사의 본질적인 동기와 근거를 성서로부터 찾아내야만 할 것이다. 기독교의 사회봉사의 동기와 근거는 고대 근동에서 권력을 가진 부자들이 도덕적인 동기에 기초한 인본주의에 의해 위로부터 아래로 일방적으로 베푸는 권위주의적인 도움 구조와는 다른 것이다. 하나님 백성으로서 이스라엘의 사회적인 약자 돌봄은 개인적, 사회적 윤리규범 동기 형식을 취하면서도 그것을 넘어서서 보다 근원적인 하나님 신앙으로부터 나오는 동기였다. 무엇보다도 하나님의 은총에 의한 돌봄을 통해서 부자는 하나님 앞에서 정의를 행하며, 가난한 자들을 통해서 하나님이 주시는 복을 받는 것으로 이해하였다. 이는 복의 근원이신 하나님이 은총으로 주신 물질의 축복에 사회적인 약자들이 함께 참여하도록 하는 상호 연대 공동체적인 돌봄 구조이다. 부자들은 단지 하나님의 은총에 의해서 약자들을 돌보기에 자기 자랑의 권위주의가 될 수 없으며, 오히려 가난한 자들에게 감사하는 마음으로 돌보게 되는 것이다. 이에 대한 실례로써 가장 탁월한 사회봉사의 수행자가 바로 족장 욥이다(욥 31 : 16 이하).

그런데 이스라엘은 국가의 멸망 이후 오랫동안 디아스포라 상황 속에서 자비로운 돌봄 행동이 의 사상과 속죄 사상과 공덕 사상으로 발전해 갔으며, 예수님 당시의 유대인 바리새파의 자비로운 행동은 형식과 외식에 머무는 자기 자랑의 종교적인 관료주의 형태를 초래하였다. 그래서 예수 그리스도는 약자들을 돌보는 사회봉사를 구약의 전승에 기초하면서도 구약시대의 사회봉사와는 질적으로 다른 새로운 사회봉사를 수행하셨다. 즉, 예수님의 섬김은 십자가에서 그의 목숨까지 내어 주는 희생이었고(막 10 : 45), 예수님이 이 땅에 오심은 그를 보내신 하나님의 뜻에 대한 순종의 섬김이라는 점이다. 그래서 예수님께서는 지극히 작은 자들을 사랑하시는 하나님의 뜻에 순종하면서 당시에 사회적으로 소외된 자들을 섬기셨다.

이처럼 근본적으로 구약성경과 신약성경 속에서 사회적인 약자들을 돌보는 사회봉사는 하나님을 예배하는 신앙에 뿌리를 두고 있는 것이다. 그러므로 삼위일체 하나님을 믿는 신앙인과 교회가 사회적인 약자들을 돌보는 사랑의 행동이 없다면, 과연 참다운 신앙인인지 그리고 참다운 교회인지를 물어야만 할 것이다. 그러므로 기독교의 사회봉사는 성경에 기초하여 하나님을 예배하는 교회와 신앙인의 사회봉사가 수행될 때에 어떠한 외부적인 영향에도 흔들리지 않고, 교회가 존재하는 시기인 종말에까지 실천할 수 있는 것이다. 교회와 신앙인이 사회적인 약자를 돌보는 일은 올바른 교회의 정체성을 확고하게 해 주며, 사회봉사는 교회와 신앙인의 참다운 존재의 의미인 것이다.

1. 우리 사회에서 여러 종류의 고통을 당하는 사람들의 현실에 대해서 구체적으로 생각해 봅시다.

2. 오늘날 신앙인과 교회가 실천하고 있는 사회봉사의 동기들에 대해서 이야기해 봅시다.

세상에서 성경으로

오늘의 본문에 의하면 예수님의 지극히 작은 자들, 즉 굶주린 자, 헐벗은 자들, 목마른 자들, 나그네들, 병자와 감옥에 갇힌 자들이 돌봄의 대상이다(마 25 : 31-46). 예수님께서는 살아생전에 인간의 육체적, 정신적, 영적인 위기 속에서 고통당하는 자들에게로 향하여 가서 그들을 치유해 주고 돌봄으로써 하나님 나라를 실현하셨다. 이들은 사회적 약자들로서 가난한 자, 병든 자, 귀신 들린 자, 그리고 작은 자들과 여성들을 포함하여 종교적으로 배타당하는 소위 "죄인들", 그리고 예수님과 함께 복음을 위해 방랑하는 제자들이다. 이들은 예수님의 지극히 작은 형제들에 해당되며(비교 마 10 : 42 ; 18 : 6-10 ; 12 : 49f ; 28 : 10), 예수님과 동일시된다 : 누구든지 이들을 영접하면 예수님 자신을 영접하는 것이다(마 25 : 40 ; 막 9 : 35 ; 마 10 : 40). 예수님이 연대하는 지극히 작은 자들에게 행하는 봉사는 예수님을 섬기는 봉사인 것이다.

이는 오늘날 신앙인들이 근본적으로 모든 사회적인 약자들을 돌보는 사랑의 활동과 관계하는 것으로써 볼 수 있다. 그리고 무엇보다도 마태복음 25 : 31, 46에서는 종말에 심판주 임금 앞에서 모든 민족들이 불려 나와 지극히 작은 자들을 돌봐 준 봉사를 기준으로 해서 영생과 영벌로 나뉘게 된다. 여기로부터 얻어지는 결론은 예수님을 믿는 자들이 우리 현재의 삶 속에서 지극히 작은 자들을 돌보는 행동을 통해서 영원한 생명을 얻게 된다는 점이다. 왜냐하면 예수 그리스도는 도움을 필요로 하는 지극히 작은 자들을 돌보는 봉사를 곧, 예수 그리스도를 섬기는 신앙의 봉사로써 동일시하고 계시기 때문이다.

본문에서 오른편에 있는 자들은 사회적인 약자들을 돌보는 행동을 통해서 예수님을 섬기게 되었다. 이렇듯 이 세상에서 위기에 처한 자들과 연대하시는 예수님을 믿는 신앙이 없이는 높은 보좌에 앉으신 주님에 대한 신앙은 효력이 없다. 왼편에 있는 자들은 높으신 예수 그리스도를 찬양하고 섬기면서도 우리 주변에서 고통당하는 약자들 가운데 계시는 주님을 냉대하였다. 본문은 신앙인은 예수 그리스도를 주님으로서 지금 세상에서 지극히 작은 자들 가운데서 만나야 하며, 마지막 날에 심판주로 만나게 될 것을 분명하게 말해 준다.

도움말

마태복음에는 설교 형식을 가지는 말씀이 다섯 부분으로 나타난다. 이는 산상 설교(5-7장), 세상으로 파송하는 사도들에게 준 설교(10장), 천국 비유 설교(13장), 제자공동체 교회의 함께 사는 삶에 관한 말씀(18장), 그리고 종말에 대한 설교(23-25장)이다. 마태복음 24~25장에서는 무엇보다도 중요한 완성을 향한 결말에 다다른다. 그리고 오늘의 본문 마태복음 25 : 31~46에서는 종말에 심판주 임금 앞에서 모든 민족들이 불려 나와 지극히 작은 자들을 돌봐 준 봉사를 기준으로 하여 영생과 영벌로 나뉘게 된다.

마태공동체에 의하면 예수님의 지극히 작은 자들, 즉 굶주린 자들, 헐벗은 자들, 목마른 자들, 나그네들, 병자와 감옥에 갇힌 자들이 돌봄의 대상이다(마 25 : 31-46). 물론 사회적 약자 돌봄을 위한 기독교의 근본 텍스트로써 마태복음 25 : 31~46을 원래 예수운동시대에 방랑 설교가들과 지극히 작은 형제들에 대한 봉사와 관련하는 것으로 볼 수 있지만, 이는 오늘날 신앙인들이 근본적으로 모든 사회적인 약자들을 돌보는 사랑의 활동과 관계하는 것으로 볼 수 있다. 여하튼 오늘의 본문에서는 사안적으로 볼 때에 유대적인 전승 속에 있는 사랑의 활동이 약간 변용되어진 형태로써 돌봄 대상이 나타나고 있는 것을 알 수 있다. 즉, 초기 유대교에서는 사회보장제도인 체다카 시스템을 통해서 헐벗고 굶주린 자, 과부와 고아들, 빚으로 인해 감옥에 갇힌 자들, 떠돌이 나그네, 일일 노동자, 노인들과 병자들, 혼기에 처한 가난한 처녀들(예외적으로 총각도 포함), 죽은 자를 동행하며 그 유족들을 위로하는 돌봄을 행하였다. 그런데 오늘의 본문에서는 초기 유대교의 체다카 시스템 속에서 수급조항 가운데 가난해서 혼수 장만을 할 수 없는 처녀와 죽은 자를 동행해 주거나 혹은 슬퍼하는 자들을 위로하는 행동 등 몇몇 가지에 대해서는 언급되지 않는다.

이러한 배경과 함께 우리는 오늘의 본문을 크게 세 가지로 나누어서 생각해 볼 수 있다.

1) 심판 법정의 장면(31－33 ; 34 ; 40 ; 45절)

도입 부분인 31~33절은 최후의 심판을 목자비유를 통해 양 그룹과 염소 그룹으로 구분하여 오른편의 양들과 왼쪽 편의 염소들로 구분한다. 심판 법정의 장면은 보좌에 앉은 심판주, 천사 호위, 그리고 영광으로 엄청난 장관을 이루고 있다. 자신을 비워 인간이 되신 나사렛 예수님은 인류를 위한 희생의 죽음을 넘어 다시 사신 주님으로 높임을 받으신 분이다. 살아생전에 사회적인 약자들을 돌보신 예수 그리스도는 십자가의 죽으심을 통해서 높임을 받은 심판주의 역설적인 그리스도의 존재를 보여 주신다.

34절과 40절에 나오는 '임금'은 하나님에 대한 유대적인 은유를 원시 기독교인들이 높임을 받은 메시야 예수 그리스도의 칭호로 사용하는 것으로 유대교와 다른 독특한 것이다. 여기에서는 예수 그리스도 자신이 종말에 심판권한을 가진 자가 되셨다. 이러한 장면 속에서 목자가 두 그룹인 양과 염소로 나누듯이, 보좌에 앉으신 심판주는 모든 민족을 두 그룹으로 나눌 것이다. 여기서는 미래에 다시 오실 인자가 보좌에 앉아 모든 민족을 모아 두 그룹으로 구분해서 판결을 내릴 것이다. 이때에 미래는 현재와 동떨어진 것이 아니라 오늘 속에 간직된 현재적인 미래에 해당하는 것이다. 이러한 현재를 위한 미래는 우리에게 지금 여기에서 신앙하는 삶에 대해 경고하는 것이다. 즉, 미래의 심판주로서 만나게 될 예수 그리스도는 우리가 살아가는 현재 속에서 약자들과 자신을 동일시하시는 예수 그리스도로 존재하심을 일깨워 주고 있는 것이다.

2) 심판 법정에서 판결(34－45절)

본문 34절과 41절에서 결정적인 판결 선언이 대립적으로 나타나며, 본문의 가장 중심 부분인 34~45절까지는 심판 판결의 소송절차를 다루는 내용으로써 많은 부분을 차지하고 있다.

첫째, 이 부분의 핵심사안은 종말에 있을 축복과 저주에 대한 판결 선언이 의인과 죄인의 그룹으로 나눠지는 것이다. 이 두 그룹은 오른편과 왼편, 의인과 악인, 축복과 저주, 하나님의 왕국과 지옥의 불로 대립을 이루고 있다. 여기서 우리는 종말사상이 유대교의 묵시사상에 기초하는 것으로 이는 원시기독교에 영향을 주었으며, 의인과 악인의 두 그룹은 이미 시편 1 : 6 등에서 볼 수 있는 마태 이전의 유대교적인 자료로 볼 수 있다.

둘째, 35~39절까지 오른편 그룹에게, 42~44절까지 왼편 그룹에게 판결의 근거를 제시한다. 무엇보다도 이 중심 부분에서 이 두 그룹의 소송 판결의 가장 결정적인 근거는 단 한 가지, 도움을 필요로 하는 지극히 작은 자들에게 "행하였다"와 "행하지 아니하였다"로 구분되고 있는 점이다. 여기서 '행하다'란 원문에서 '봉사하다'(διακονεῖν)로 표현되었다. 즉, 하나님과 예수님께서 약자들을 돌보시는 행동으로써 그에 상응하는 인간들의 디아코니아의 행동이다(44절).

마지막으로, 오른편 그룹의 반문과 왼편 그룹의 이의 제기가 각각 37절과 44절에서 나타난다. 그리고 40절과 45절에서 판결 근거에 대한 설명과 이의 제기에 대한 기각이 제시되며, 이는 위기에 빠져 있는 지극히 작은 자들을 돌봐 준 것이 곧 나에게 한 것이라고 선언하면서 지극히 작은 자들을 심판주의 형제로서 동일시하고 있는 것이다.

예수님께서는 그 당시에 인간의 육체적, 정신적, 영적인 위기 속에서 고통당하는 자들에게 향하여 가서 그들을 치유해 주고, 돌보아 주심으로써 하나님의 통치권을 행사하신다. 이들은 사회적 약자들로서 가난한 자, 병든 자, 귀신 들린 자, 그리고 작은 자들과 여성들을 포함하여 종교적으로 배타당하는 소위 "죄인들", 그리고 예수님과 함께 복음을 위해 방랑하는 제자들이다. 신학적으로 볼 때 이들은 예수님의 지극히 작은 형제들에 해당되며(비교 마 10 : 42 ; 18 : 6-10 ; 12 : 49f ; 28 : 10), 예수님과 동일시된다. "누구든지 이들을 영접하면 예수 자신을 영접하는 것이다"(마 25 : 40 ; 막 9 : 37 ; 마 10 : 40). 예수님이 연대하는 지극히 작은 자들에게 행하는 봉사는 예수님을 섬기는 봉사인 것이다. 본문에서 오른편에 있는 자들은 사회적인 약자들을 돌보는 행동을 통해서 예수님을 섬기는 신앙을 인정받았다. 이렇듯 이 세상에서 위기에 처한 자들과 연대하시는 예수님을 믿는 신앙 없이는 높은 보좌에 앉으신 주님에 대한 신앙은 효력이 없는 것이다.

반면 왼편에 있는 그룹은 높으신 예수 그리스도를 찬양하고 섬기면서도 우리 주변에서 고통당하는 약자들 가운데 계시는 주님을 냉대하였다. 본문은 신앙인은 예수 그리스도를 주님으로서 지금 여기에서 지극히 작은 자들 가운데서 만나야 하며, 마지막 날에 우리의 심판주로 만나게 될 것을 분명하게 해 준다.

3) 심판 판결의 종합적인 결과(46절)

본문 이야기 마지막 46절은 심판의 결과를 종합적으로 보여 준다. 본문의 가장 마지막 부분의 표현 속에서 모든 것을 종합해서 이야기되어진 것은 바로 봉사가 핵심사안이라는 것이다. 누구든지 지극히 작은 자들을 돌보는 행동을 하면 영생(구원)을 얻게 되며, 그것을 행하지 않으면 멸망하게 되는 것이다.

1. 본문에서 예수님은 마지막 때에 보좌에 앉으신 심판주로서 나타나실 것이며, 현재 속에서는 지극히 작은 자들과 동일시하시는 분으로서 엄청난 대조를 이루고 있습니다(31-34; 40, 45절). 우리는 이 가운데 어떠한 존재의 주님을 믿고 있으며, 이렇듯 대조를 이루는 예수님을 믿는 신앙이란 무엇을 의미합니까?

2. 마지막 심판 때에 주님은 의인과 악인의 두 그룹으로 나누는 판결을 하십니다. 주님의 심판의 기준은 무엇이며, 심판 판결을 받은 두 그룹의 반응 그리고 심판 확정의 결과는 무엇입니까? (35-36; 42-43; 37-39; 44; 34; 41; 46절)

3. 지극히 작은 자들은 누구이며, 이들을 돌보는 봉사 없이는 영원한 생명에 들어갈 수 없다는 주님의 판결과 오늘날 우리가 믿음으로 영생을 얻는다는 것과는 어떠한 관계가 있는지 생각을 나누어 봅시다(46절).

성경에서 실천으로

성경 속에 계시되신 하나님은 구약시대에 애굽에서 종살이하던 약자들인 히브리 사람들을 무조건적인 사랑과 긍휼로써 해방시켜 주시고 돌보아 주셨다. 그래서 이스라엘은 그 하나님을 예배하는 신앙 가운데서 사회적인 약자들을 돌봐 줘야만 했다.

하나님을 믿는 이스라엘은 경제적으로 물적 기반을 상실한 자들인 레위인, 빚진 자들, 날품팔이 일꾼, 남녀 종들, 그리고 이방인, 나그네 등과 전통적으로 권리와 소유에 대해 법적 능력이 없는 자로서 규정되는 과부와 고아들, 부지중에 범죄를 한 자들, 그리고 사회적으로 외면당하는 부양할 자녀가 없는 노인들과 귀머거리, 소경 등 장애로 고통당하는 사회적 약자들을 돌보기 위한 십일조법(신 14 : 22－29 ; 26 : 12－15 ; 비교 말 3 : 7－12)과 이자와 고리대금 금지 및 빚 면제법 등 여러 종류의 사회, 경제법과 제도를 통해서 돌봐 주었다.

그런데 이스라엘은 국가의 멸망 이후 점점 더 자비로운 돌봄 행동을 통해서 의롭게 되는 공덕사상으로 발전시켜 갔으며, 예수 당시의 바리새파는 그들의 자비로운 돌봄 행동을 종교적인 외식과 형식적인 관료주의 형태로 만들었다. 그래서 예수 그리스도는 유대 바리새적인 사회봉사와는 질적으로 다르게 자신을 비우고 도움을 받는 자의 입장에 서서 약자들을 돌보는 사회봉사를 수행하셨다. 그것은 인류를 위한 봉사의 절정인 십자가에서 죽으시기까지 희생한 봉사였다.

예수님의 이러한 섬김은 신약시대 초기 기독교공동체 속에서 예수제자공동체의 진위를 가늠하는 잣대가 되었다. 즉, 부활사건 이후에 초기 기독교공동체는 섬기는 예수님의 모범을 따라 그가 가르치신 말씀을 행동으로 실천함으로써만이 진정한 예수제자공동체로서 보증받았다. 그래서 바울은 다메섹 도상에서 부활하신 주님을 만난 후에 예루살렘에 있는 부활의 증인들로부터 사도적인 권위를 확인받고, 이방 헬라세계로 복음을 전하러 갈 때에 항상 가난한 자들이 기억되어야만 하는 위임사항을 받았다(갈 2 : 10).

그리고 바울은 이방인들에게 복음을 전하는 사도적인 봉사를 통하여 이방 헬라세계에 교회들을 세웠으며, 이러한 교회들 간에 서로의 코이노니아(교제)를 통한 나눔의 디아코니아(봉사)를 독려하였다(고후 8 : 1-15 ; 9 : 1-15). 그로써 예수 그리스도가 전한 진정한 복음은 시대와 공간을 넘어서 이 세상 어느 곳에서든지 사회적 약자들이 돌보아지도록 하는 교회 전체의 통일성을 이루게 하였다.

이처럼 근본적으로 교회는 하나님을 예배하는 신앙에 기초해서 사회적인 약자들을 돌보는 사회봉사가 본질을 이루고 있는 것이다. 예수 그리스도를 믿는 신앙은 사회적인 약자들을 돌보는 봉사를 반드시 포함해야 하며, 믿음이란 말로 하는 것이 아니라 행하는 것이다. 왜냐하면 신앙은 행함없이는 아무런 효력이 없는 것으로 입증되기 때문이다. 이는 하나님을 믿는 자들은 지극히 작은 자들에 대한 사랑의 행동으로써 하나님께 영광을 돌리는 참신앙을 인정받을 수 있다는 점을 보여 주는 것이다. 이러한 관점 속에서 오늘날 사회봉사 실천과 관련해서 몇 가지의 생각을 함께 해 보도록 하자.

1. 지금까지 가져 온 나의 신앙관과 이웃 봉사에 대한 관련성을 종합적으로 정리해 봅시다.

2. 우리 교회 안에 있는 도움을 필요로 하는 자들에 대한 돌봄을 구체적으로 생각해 봅시다.

3. 우리 교회와 노회, 교단 차원 혹은 기독교연합 차원에서 할 수 있는 사회봉사활동에 대해 생각해 보면서 각자가 할 수 있는 사회봉사활동 참여에 대한 결단을 함께 나누어 봅시다.

9과

사회적 약자

9과 사회적 약자

본문말씀 룻기 1 : 1~22, 사무엘하 9 : 1~13

오늘의 말씀

"나오미가 그들에게 이르되 나를 나오미라 부르지 말고 나를 마라라 부르라 이는 전능자가 나를 심히 괴롭게 하셨음이니라 내가 풍족하게 나갔더니 여호와께서 내게 비어 돌아오게 하셨느니라 여호와께서 나를 징벌하셨고 전능자가 나를 괴롭게 하셨거늘 너희가 어찌 나를 나오미라 부르느냐 하니라"(룻 1 : 20-21).

수업목표 본 과를 통해서 인도자는 학습자에게

1. 이 시대의 사회적 약자들이 누구인지 알게 한다.
2. 이들의 아픔과 곤란을 깨닫게 한다.
3. 이들을 향한 관심과 배려와 보호 정책에 동참하게 한다.

도움자료

서인석, 「성서의 가난한 사람들」(서울 : 분도, 1979).
김성원, 「장애도 개성이다」(서울 : 인간과 복지, 2005).
정창권, 「세상에 버릴 사람은 아무도 없다」(파주 : 문학동네, 2005).

세상 바라보기

서울에서 전주로 이사 온 30대의 성○○ 씨는 건강하고 행복하게 살던 중 남편의 졸음운전으로 교통사고를 당했다. 남편과 아이는 사고후유증이 없었는데, 성 씨는 척수장애인이 되어 평생 휠체어에 몸을 맡기고 살아야 했다. 그런데 얼마 후 남편은 아이를 데리고 재혼을 하고, 성 씨는 혼자 남아 장애인의 버거운 삶을 살아가야 했다. 그래도 성 씨는 미래를 계획하며, 밝고 힘 있게 살려고 애쓰고 있다(2009년 9월, 전주에서 만났던 한 여성의 삶).

1. 우리 사회에서 어렵게 살아가는 사회적 약자들을 찾아봅시다. 위의 예처럼 방송이나 언론 매체보다는 직간접적으로 경험한 이야기를 나누어 봅시다.

성 씨의 이야기는 방송이나 인터넷에서 어렵지 않게 볼 수 있는 우리 주변의 모습이다. 여러 이유들로 인해 부모의 보호를 받지 못하는 편부모 아이들과 소년소녀가장, 장애인, 과부, 이주노동자들과 다문화가정과 그 자녀들, 노인들 등이 있다.

2. 이런 사회적 약자들이 일상생활에서 겪는 문제들은 무엇입니까?

배고픔, 경제적 빈곤의 악순환, 소외감, 상대적 박탈감, 인권 부족, 정신적 불안, 소통의 부재 등이다.

세상에서 성경으로

"어떤 사람은 땅의 경계표를 옮기며 양 떼를 빼앗아 기르며 고아의 나귀를 몰아가며 과부의 소를 볼모 잡으며 가난한 자를 길에서 몰아내나니 세상에서 학대받는 자가 다 스스로 숨는구나…… 산중에서 만난 소나기에 젖으며 가릴 것이 없어 바위를 안고 있느니라 어떤 사람은 고아를 어머니의 품에서 빼앗으며 가난한 자의 옷을 볼모 잡으므로 그들이 옷이 없어 벌거벗고 다니며 곡식 이삭을 나르나 굶주리고 그 사람들의 담 사이에서 기름을 짜며 목말라 하면서 술틀을 밟느니라"(욥 24 : 2-11).

위의 내용은 아주 오래전, 욥이 지켜본 가난한 사람들의 모습이다. 그들이 어떤 이유로 가난하게 되었는지 알 수 없지만, 가난한 자들의 고통은 그때나 지금이나 크게 다르지 않다. 고대 이스라엘에도 가난은 국가와 종교의 관심이었고, 해결해야 할 과제였다. 구약성경은 다양한 계층의 사회적 약자를 보호할 것을 명시하고 있는데, 이들은 대표적으로 과부, 고아, 나그네(이방인 포함)와 장애인이다. 이들은 모두 사회적으로 소외되고 배제된 사람들이요, 경제적으로는 가난한 사람들로서 공동체의 일원임에도 불구하고 늘 정체성과 생존을 위협받았던 사람들이다.

성경은 하나님의 보호를 필요로 하는 사회적 약자들을 묘사하고 있다. 이들에 관한 성경본문을 읽고 이들의 고통과 문제가 무엇인지 찾아보도록 한다. 성경이 말하는 대표적인 사회적 약자들, 즉 나그네, 과부, 장애인의 삶을 다음의 성경본문에서 찾고 이들에 관한 문제를 다뤄 보기로 한다(룻 1 : 1-22 ; 삼하 9 : 1-13).

과부인 나오미와 룻(룻 1 : 1-22)

나오미는 남편과 두 아들과 함께 잘살아 보겠다는 꿈을 안고 고향을 떠나 모압으로 이주했지만, 남편과 두 아들마저 잃는 불행을 겪게 되었다.

먹을거리도 문제였겠지만 나오미는 아들마저 다 잃어버린 상황에서 두 며느리들을 자신과 함께 과부로 살게 하는 것이 심리적으로나 사회적으로 견디기 어려웠을 것이다. 그녀는 두 며느리들의 문제를 스스로 해결할 수 없다고 생각한다(11-13절). 그리고 그녀는 여호와의 손이 자기를 짓누르고 하나님이 큰 고통을 안겨 주었다고 부르짖는다(13, 20-21절). 그녀는 드디어 결심하고 며느리들을 친정으로 보내려고 한다. 그들이 고향인 모압 땅에 남아서 새 남편을 만나 행복한 가정을 이루고 살기 원했기 때문이다. 그런데 큰며느리 오르바는 모압으로 돌아가게 되었지만, 룻은 나오미와 그녀의 남은 인생 여정을 함께하겠다고 우긴다. 룻이 나오미를 따라 유대 땅으로 간다는 것은 돌아갈 친정, 재혼을 통한 행복한 가정, 자식의 가능성을 포기하는 것이었다. 더욱이 시어머니를 따라 베들레헴에 이주한 룻은 아무런 연고조차 없는 이방 여인이었다. 베들레헴이 나오미의 고향이었어도 이들을 법적으로 보호해 줄 수 있는 여건은 허락되지 않았다. 그래서 이들은 떨어진 이삭에 연명해야 했고(룻 2 : 2), 이들을 보호하기 거부하는 친척(룻 4 : 6)으로부터 실낱같은 희망마저 버려야 했다. 거기에다 나오미는 신앙적으로 하나님으로부터 버림을 받았다는 죄책감으로 시달려야 했다(13, 21절). 나오미의 용기와 지혜로운 시도와 하나님의 개입이 없었다면 이들은 평생 이삭줍기로 생명을 이어가야 했을지 모른다.

1. 잘살아 보려고 가족과 함께 이민을 떠났으나, 가족의 모든 남자를 다 잃어버린 나오미의 심정은 어떠했을지 이야기해 봅시다.

고대에 여자가 혼자 산다는 것, 혹은 과부가 된다는 것은 저주로 간주되었다. 또한 의식주뿐만 아니라 어떤 사회적 안전망도 기대할 수 없는 사회적 분위기에다 종교적인 죄책감도 함께 견뎌야 했다. 이것은 살아 있으나 죽은 목숨과 같다고 할 수 있다.

2. 남편과 아들을 잃은 과부들의 삶이 어떠했을지 룻기를 보면서 상상해 봅시다.

나오미와 룻이 그랬듯이 재산이 없는 과부들은 생존을 위해 이삭줍기나 구걸, 혹은 이웃의 손길에 의존해야 했다. 더욱이 아들이 없거나 재혼하지 않은 과부의 경우 그들의 삶은 한층 더 비참하고, 미래를 기약할 수 없는 삶을 살아야 했다.

3. 오늘날 혼자가 된 과부들이 겪는 문제들에는 어떤 것들이 있습니까?

고대와는 비교할 수 없이 자유와 사회적 여건이 향상되었더라도 경제적 독립, 자녀 양육, 부담스러운 사회적 시선, 정서적 혹은 종교적 정죄 등으로 과부의 삶은 여전히 고달프다.

장애인 므비보셋(삼하 9 : 1-13 ; 16 : 1-4, 19 : 24-30, 21 : 7)

구약성경에서 이름이 알려진 장애인이 등장하는 유일한 경우가 므비보셋이다. 그는 사울의 손자요, 요나단의 아들로서 왕족이지만 다리를 저는 장애인이었기에 다윗에게 위협적인 인물도 되지 못했고, 다윗의 동정과 배려로 그나마 다윗의 밥상에서 겨우 얻어먹고 살았다.

구약시대 왕족이었던 장애인 므비보셋, 그의 모든 신분과 자격과 재능이 장애의 그늘 때문에 묻힐 수밖에 없었다. 어찌 므비보셋만일까? 그를 비롯해 성경시대와 그 이후 수많은 장애인은 므비보셋과 비교할 수 없는 비인간적이고 차별적 삶을 살아야 했다. 왕족이었던 므비보셋의 삶이 이렇다면, 평범한 장애인의 비참한 삶을 상상하는 일은 그리 어렵지 않다.

4. 지체장애인 므비보셋은 사울 왕의 손자였으나 장애인이었던 까닭에 다윗 왕의 도움을 받아 겨우 생명을 부지하며 살았습니다. 하지만 다른 장애인은 이런 삶조차 가능하지 않았습니다. 고대 이스라엘시대의 장애인은 어떤 삶을 살았을지 상상해 봅시다.

가장 큰 문제는 종교적 정죄로 인한 억압이었다. 질병이나 장애는 하나님의 심판으로 이해되었기 때문이다. 또한 사회·경제적 차별, 신체적 고통(의학적 치료가 부족한 시대) 등이 있다.

5. 오늘날 다양한 장애인들이 어떤 불편과 차별을 겪고 있는지 이야기해 봅시다.

장애인을 위한 사회복지가 나날이 향상되고 있지만 장애인의 숫자는 늘어가고, 육체·정신적 고통, 사회의 부정적 인식, 사회·경제적 곤란, 자아실현의 장애 등 그 고통은 적지 않다.

성경에서 실천으로

구약성경이 명시하는 과부와 장애인들을 위한 보호와 제도를 차례로 살펴보자.

과 부

고대 이스라엘 사회는 대부분 유목이나 농경사회를 그 배경으로 하고 있다. 이스라엘 사회가 하나님의 계약 백성으로서 공동체를 늘 강조하고 있지만, 그 공동체 안에서 소외되는 대표적인 그룹이 바로 과부와 그들의 자녀들(때로는 소년소녀가장, 일명 고아)이다. 구약성경은 이들에 대한 사회적 안전과 보장을 강력하게 요구하고 있다. 왜냐하면 하나님은 고아의 아버지이시고, 과부의 재판장이시기 때문이다(시 68 : 5). 하나님께서는 만일 이들을 해롭게 하면 죽음을 면치 못하게 된다(출 22 : 21－24)고 말씀하신다.

고대 이스라엘 사회에서 고아와 과부는 수시로 생존의 위협을 겪어야 했다. 이들의 기본 생존권을 위해 추수 후 남은 이삭을 이들에게 돌리는 제도를 명시하고 있다. 추수할 때 잊고 따지 않은 곡식이나 과실을 다시 가서 따지 않도록 명하고 있다(레 19 : 10, 신 24 : 19, 21). 또한 십일조는 제의적인 용도와 더불어 사회적 약자들의 식량으로 사용되었다. 이 밖에도 과부들의 생존을 위해 시형제결혼제도(형이 죽어 형수가 혼자 남게 될 때 시동생은 형수를 아내로 맞이하고 그들 사이에 낳은 첫 아들은 형의 대를 잇도록 하는 제도, 신 25 : 5 – 10)와 고엘제도(한 가족이 곤경에 처해 있을 때, 예를 들면 빚 때문에 자신을 종으로 팔 수밖에 없을 때 가까운 친척이 이들의 채무를 갚아 주던 제도, 레 25 : 47 – 55, 렘 32 : 6 – 15)가 있었다.

장애인[1]

고대 이스라엘 사회에서 장애인은 개인적으로나 사회 · 종교적으로 공동체 밖으로 밀려난 주변인으로 살아갈 수밖에 없었다. 그런데 사회적 약자에 대한 보호를 강력히 요구하는 구약성경이 이상하게도 장애인에 대해서 소극적이고 인색하다는 인상을 지울 수 없다.

그럼에도 불구하고 구약성경이 장애인에 대한 보호를 모르지 않았다. 이를테면 레위기 19 : 14이다. "듣지 못하는 사람을 저주해서는 안 된다. 눈이 먼 사람 앞에 걸려 넘어질 것을 놓아서는 안 된다. 너는 하나님 두려운 줄을 알아야 한다. 나는 주다."(표준새번역성경) 이어서 "너의 이웃을 네 몸처럼 사랑하여라!"(레 19 : 18b, 표준새번역성경)라고 기록되어 있다. 이 본문은 하나님께서 이스라엘 백성의 주인이심을 상기시키면서 어떤 사람도 — 육체적 장애인은 얼마나 악용되기 쉬운가? — 악용하지 말 것을 요구하고 있다.

1. 구약성경은 사회적 약자에 대한 보호를 다양하게 명시하고 있습니다. 왜냐하면 하나님은 고아의 아버지이고, 과부의 재판장이

1. 개역한글성경은 마태복음 15 : 30~31에서 장애인에 대하여 "절뚝발이, 불구자, 소경과 벙어리"와 같은 언어를 사용하고 있다. 이에 대하여 개역개정성경은 "다리 저는 사람, 장애인, 맹인과 말 못하는 사람"으로 수정 번역되어 있다.

시기 때문입니다(시 68 : 5). 만일 이들을 해롭게 하면 죽음을 면치 못하게 된다(출 22 : 21-24)고 합니다. 다음의 구약본문을 통해 약자 보호 정신과 제도를 찾아봅시다.

1) 굶주림의 해결(출 23 : 10-11, 신 10 : 18, 14 : 29, 24 : 19-21, 26 : 12)
2) 차별이나 억압 금지(출 22 : 22, 신 27 : 19, 사 1 : 23, 10 : 2, 렘 22 : 3, 슥 7 : 10, 말 3 : 5)
3) 화합과 일치(신 16 : 11, 14)
4) 헌물과 십일조의 분배(신 12 : 18-19, 26 : 12-13)
5) 시형제결혼제도(신 25 : 5-10)와 고엘제도(레 25 : 47-55, 렘 32 : 6-15)
6) 장애인 억압 금지(레 19 : 14, 사 35 : 5-6, 65 : 17-25)

오늘날 사회적 약자들은 여전히 존재한다. 이들은 과부, 고아, 나그네와 장애인 등이다. 이들은 한결같이 편견과 차별과 억압을 견뎌야 하고, 경제적으로도 가난하다. 하나님께서는 어떤 약자도 그대로 방치해서는 안 된다는 것을 여호와의 이름으로 강력하게 말씀하고 계신다. 그러므로 이들을 향한 우리 그리스도인들의 바른 태도와 실천이 구체적으로 실현되어야 할 것이다.

2. 사회적 약자들(과부, 고아, 장애인)에 대한 개인의 결단과 실천이 무엇보다 중요합니다. 구약성경에 나타난 약자 보호법을 통해 우리가 이 땅에서 실천해야 할 약자 보호를 개인적 차원과 사회적 차원과 교회적 차원으로 나누어 적어 봅시다.

1) 개인의 결단과 실천
2) 사회의 결단과 실천
3) 교회의 결단과 실천

10과

폭력 극복과 여성

10과 폭력 극복과 여성

본문말씀 사사기 11 : 29~40

오늘의 말씀

"입다가 미스바에 있는 자기 집에 이를 때에 보라 그의 딸이 소고를 잡고 춤추며 나와서 영접하니 이는 그의 무남독녀라 입다가 이를 보고 자기 옷을 찢으며 이르되 어찌할꼬 내 딸이여 너는 나를 참담하게 하는 자요 너는 나를 괴롭게 하는 자 중의 하나로다 내가 여호와를 향하여 입을 열었으니 능히 돌이키지 못하리로다 하니"(삿 11 : 34－35).

수업목표 본 과를 통해서 인도자는 학습자에게

1. 여성들에게 행해지는 사회적, 문화적, 종교적, 가정적 폭력의 심각성을 깨닫게 한다.
2. 생명의 담지자인 여성들에게 행해지는 어떤 종류의 폭력도 용납되거나 정당화될 수 없음을 인식하도록 한다.
3. 여성들을 통하여 폭력이 극복되고, 치유될 수 있음을 발견하도록 한다.

도움자료

Aruna Gnanadason, *No Longer a Secret : The Church and Violence Against Women*(Geneva : World Council of

Churches Pubilcation, 1993).

Phyllis Trible, *Texts of Terror : Literary–Feminist Readings of Biblical Narratives*(Minneapolis : Fortress Press, 1984).

Changing Women, Changing Church, ed. Marie Louise Uhr(Newtown, N. S. W. : Millennium Books, 1992).

세상 바라보기

현대사회의 모든 문제는 인간이 물질적인 추구에 너무 매달리기 때문에 오는 것이다. 그것을 해결하기 위해서는 생명을 가진 모든 존재들과 자신이 하나로 연결되어 있음을 자각하는 일이 무엇보다 중요하다. 날로 늘어만 가는 전쟁, 폭력, 인간이 저지른 잘못들 때문에 찾아오는 자연재해 등으로부터 살아남을 수 있는 유일한 길은 단순하고 간소한 생활, 그리고 정신적인 추구에 있다. 50년 전 한 인디언이 말했다. "여자들이 이 세상을 구원하는 일을 해야 한다. 남자들이 이 세상에다 어질러 놓은 것을 정리하고 치울 사람은 여자들뿐이다."

1. 여성들에 대한 폭력에는 구체적으로 어떤 것들이 있는지 이야기를 나누어 봅시다.

매 맞는 아내, 애인에게 매 맞는 미혼 여성, 여자 어린이에 대한 가족 구성원들의 성폭행, 직장에서의 성희롱, 교회 안에서 성차별로 인한 언어폭력 등이 있다.

"남편에게 돌아가세요. 어떻게 남편의 비위를 맞출 수 있을지 배워야 합니다. 남편을 화나게 하는 일은 절대로 해서는 안 됩니다. 그리스도는 바로 당신을 위해서 십자가에 달리시고 죽으셨습니다. 이 정도의 고통쯤은 참을 수 있지 않겠습니까?" 이것이 바로 하루도 빠짐없이 남편에게 얻어맞는 여성에 대한 교회의 처방이었다. 매 맞는 아내들은 교회로 도망쳐서 그 안에서 위로와 피난처를 얻고자 한다. 그러나 매 맞는 아내들은 교회에서 목회자와의 상담을 통하여 학대당하는 결혼생활과 잘못된 관계에 순종할 것뿐만 아니라 종속당한 채 살아가기를 요구당하는 것이다.

여성에 대한 폭력은 우리 사회 속에서 계속적으로 여성을 위협하는 요소이다.

> 2009년 한 해 동안 남편, 남자친구의 폭력 등으로 살해된 여성이 70명에 달하는 것으로 나타났다. 한국여성의전화는 "가해자를 제대로 처벌하지 않는 국가가 살인을 방조한 격이다."라며 시급한 대책 마련을 촉구했다. 한국여성의전화가 지난해 1월부터 12월까지 신문 등 언론에 보도된 여성 살해사건을 분석한 결과, 가해자가 남편 또는 남자친구인 사건은 전체 82건이었으며, 이 중 살해된 여성은 70명인 것으로 나타났다고 최근 밝혔다. 46명은 남편에 의해, 24명은 남자친구에 의해 살해됐다. 또 남편에 의해 살해된 자녀, 친정 부모 등 아내 이외의 사람도 16명에 달했으며, 남편의 폭력을 견디다 못해 남편을 살해한 경우도 10건이나 됐다. 한편 살인미수로 살아남은 여성은 7명인 것으로 드러났다. 한국여성의전화 가정폭력상담소의 2009년 면접상담 통계를 살펴보면, 남편의 폭력을 멈추게 하기 위해 아내들은 대화를 시도하거나(57.9%), 주변 사람을 통해 남편을 설득시키기도 했으며(31.8%), 이혼을 요구하거나 가출하는 등 남편과의 분리를 시도하기도 했다(66.4%). 상담을 받거나(20.6%), 경찰에 신고하기(15.9%)도 했으며, 아무런 노력도 하지 않은 경우는 6.5%에 불과했다. 그러나 경찰에 한 번 이상 신고한 적이 있는 48명 중 22명이 경찰로부터 "집안일이니 알아서 해결하라."라는 답변(45.8%)을 받았으며, "법으로 해결하고 싶으면 고소하라."라는 태도(39.6%)로 피해자에게 해결할 방법이 없음을 설명하는 경우가 대다수였던 것으로 나타났다. 한국여성의전화는 2010년 아내폭력예방을 위한 예산은 오히려 감소했으며 아내폭력에 대한

경찰의 초기개입 정책도 없고 위험에 방치돼 있는 아내들의 보호시스템에 대해서는 논의조차 부재하다며, 남편이나 애인에게 살해된 여성 통계는 공식적으로 집계된 적도 없다고 지적했다. 아울러 폭력을 끊어 내기 위한 여성들의 많은 노력에도 불구하고 가정폭력은 집안일이라는 통념 아래 제대로 보호, 처벌받지 못하는 상황에서 피해자들은 결국 자신이 참고 사는 것이 방법이라고 생각한다며, 가해자들은 국가의 비호 아래 폭력을 지속한다고 힐난했다. 남편의 폭력으로부터 가족과 자신의 삶과 생명에 대한 지속적인 위협에 방치된 여성들이 시도하는 마지막 방법이 바로 남편 살해라며, 누구 하나는 죽어야 끝난다는 여성폭력의 비극을 여실히 보여 주는 대목이라고 강조했다. 한국여성의전화는 "누가 이 여성들을 죽게 했으며 누가 이 여성들을 살인자로 만들었는가?"라며, 이들이 보내는 절규와 경고를 2010년 한국사회는 무시하면 안 될 것이라고 경고했다.

("복지뉴스" 박영신 기자)

이외에도 너무도 많은 여성에 대한 폭력의 사례들이 매일의 생활 속에서 일어나고, 보고되는 실정이다.

2. 여러 종류의 폭력으로 고통당하는 여성들에 대하여 교회의 응답은 어떤 것이었습니까?

여성에 대한 폭력적 행동들은 여성에게서 인간으로서의 존엄성을 빼앗고, 여성들을 겁에 질린 채로 불안하게 살아가게 만든다. 폭력에 대한 두려움으로 많은 여성들이 스스로 가지고 있는 능력을 과소평가당하고, 여성들은 속한 사회에서 소외당하고, 의사결정 과정에서 제거당하곤 하는 것이다. 이런 사실들이 교회와 사회 안에서 계속적으로 부인된다면, 여성들은 점점 더 육체적, 정서적으로 학대를 받을 수밖에 없으며, 이런 사실들은 궁극적으로 전 인류가 고통당하게 되는 결과를 가져올 것이다. 이렇게 여성에 대한 갖가지 형태의 폭력을 교회가 계속 부정하거나 학대받는 여성들에 대한 적절한 응답과 도움을 주지 못한다면, 교회는 하나님이 창조하신 생명의 담지자로서의 역할을 다하지 못할 것이다.

여성에 대한 어떤 형태의 폭력이든 교회는 더 이상 침묵해서는 안 될 것이며, 특별히 교회 여성들은 생명의 주체로서 역할을 다해야 할 것이다.

세상에서 성경으로

오늘 본문은 너무도 슬픈 이야기를 우리에게 전한다. 입다의 딸에 관한 이야기, 가장 비인간적으로 희생된 소녀의 이야기이다. 이 이야기는 사사들의 시대, 중앙 집중식 권력으로부터는 자유롭지만, 소멸과 혼란의 위협으로부터 자유로울 수 없는 시대의 이야기인 것이다. 이러한 상황 속에서 불신앙, 죽음, 그리고 통곡의 전설들이 얽혀 있는 이야기이다. 본문은 두 개의 사건으로 나눌 수 있다. 첫 번째는 이스라엘의 적인 암몬과 싸워 무찌르는 것이고, 두 번째는 입다 가족의 개인적인 희생에 관한 것이다.

29절에서는 여호와의 신이 길르앗 사람에게 임하였다고 시작되고 있다. 하나님의 영이 임하였다는 것은 입다의 정복전쟁에 타당성을 부여할 뿐만 아니라 결과가 아주 좋을 것이라는 것을 암시하기도 한다. 입다는 암몬과의 전쟁에서 이겨야 하는 절박한 상황에 있었다. 그래서 입다는 하나님과 거래를 하는 형식의 기도를 한다. 31절에서 입다는 "누구든지"라고 말하는데, 그것은 불특정 인물 혹은 사물로 입다 자신의 집에 속한 소유물을 하나님 앞에 번제물로 드릴 것을 약속하는 것이다. 입다는 공적인 영역에서의 목적을 성취하기 위하여 그의 사적 영역이라고 취급되는 가정의 희생을 전제로 하나님과 약속했던 것이다.

1. 여성에 대한 폭력을 개인적인 문제로 취급하여 폭력의 심각성을 약화하는 경우에 대하여 이야기를 나눠 봅시다.

유교문화 중심적인 우리 사회에서는 가정 안에서의 여성에 대한 성적, 육체적인 학대에 대하여 가정 안에서 해결해야 할 문제로 치부되어 온 것이 사실이다. 근래에는 여성폭력의 심각성이 대두되면서 이에 대한 법적인 조치가 생겼으나 폭력의 피해자인 여성이 죽거나 미성년인 아동에 대한 성적 학대 등의 큰 사건이 아니고는 법적인 처벌이 미미하다. 그런 데에는 한국인의 유교적인 관습과 정서가 가장 크게 작용하고 있다고 볼 수 있다. 가정 안에서 일어나는 폭력을 외부에 알리거나 가해자에 대한 법적 조치를 취하는 것이 집안 망신이라고 생각하는 경우가 허다하다. 그러나 최근 들어 여성에 대한 폭력이 점점 심각해지면서 여러 사회단체 등에서 학대받는 여성을 보호하기 위한 법적 조치 및 신고 제도를 강화할 것을 요구하고 있다.

문제는 가정과 사회를 나누어 생각하는 이분법적인 사고이다. 그러나 가정과 사회는 따로 생각할 수 없다. 가정이 모여서 사회를 이룰 뿐더러 사회는 가정의 확대된 공동체라고 보아야 하기 때문이다. 가정에서의 여성에 대한 폭력을 가볍게 치부한다면 우리 사회 전반에 걸친 폭력에 대하여도 그 심각성을 논할 수 없을 뿐만 아니라 사회질서의 유지가 위협받는 사태가 올지도 모르기 때문이다.

2. 입다의 딸의 죽음과 이삭의 희생 번제는 성경 속에서 매우 다르게 나타납니다. 두 사건의 공통점과 차이점은 무엇입니까?

입다의 딸은 이름 없는 희생자 : 폭력의 희생자가 되는 여성들에게 가장 심각한 일은 그들의 생명과 인권이 경시된다는 것이다. 본문에서 입다의 딸에게 무슨 일이 일어났는가? 본문 34절부터 입다의 딸에게 일어난 일을 살펴보자. 입다의 딸은 누구의 딸이라고만 기록되어 있다. 하나님과의 서약을 지키기 위하여 희생된 중요한 인물이었음에도 불구하고 입다의 딸은 결국 이름도 밝혀지지 않은 여성에 불과했다. 뿐만 아니라 입다의 딸은 그 존재가 번제물로 드려지는 것이 정해질 때, "누구든, 아무것이든지"라는 불특정 다수 중의 하나로밖에는 여겨지지 않은 존재였던 것이다. 입다가 딸을 사랑했던 것은 사실이다. 왜냐하면 입다가 하나님과의 약속을 생각하며 집으로 들어설 때, 딸이 나와 춤추며 영접하는 것을 보고는 옷을 찢으며 슬퍼하는 것을 볼 수 있기 때문이다. 그러나 그 이후 입다의 딸에게 일어난 일은 냉

정하기 그지없다. 단지 자신의 때 아닌 죽음을 슬퍼할 애곡의 기간을 준 것밖에는 없다. 입다의 딸은 자기 자신의 죽음을 운명처럼 받아들이고, 두 달간의 애곡 기간을 마치고 번제물로 사라진다. 자신을 걸고 하나님과 흥정한 아버지에 대한 원망도 없이 단지 자신이 처녀로 죽음을 슬퍼했다고 오늘의 본문은 말한다.

이삭의 희생은 하나님의 축복의 약속(창 22 : 1-13) : 자식이 하나님께 번제물로 바쳐진다는 점에서 공통점을 가지는 이삭의 경우는 입다의 딸의 경우와는 매우 대조적이라고 볼 수 있다. 성경은 아브라함의 아들, 이삭을 번제로 드리라는 것은 하나님의 명령이었다고 말한다. 아들을 데리고 모리아 산을 오르는 아브라함에 관하여 성경은 천천히 긴장을 고조시켜 간다. 그러나 이런 긴장의 고조조차도 결국은 이삭이 구원됨으로 견딜 만한 것이 되는 것이다. 아들을 죽이라고 하셨던 하나님의 명령은 마지막 순간에 다른 것으로 바뀐다. "그 아이에게 네 손을 대지 말라. 그에게 아무 일도 하지 말라."라고 하시는 것이다. 하나님의 사자와 아브라함, 그리고 이삭 사이의 한 편의 드라마는 이렇게 극적인 하나님의 관여하심으로 해피엔딩으로 끝나게 된다.

3. 입다의 딸이 자신에게 행해진 희생이라는 이름의 폭력을 극복한 방법은 무엇이었습니까?

딸은 아버지에게 "언약하신 대로 하십시오." 하고 아버지는 하나님에게 언약한 대로 자신의 딸에게 행하는 것으로, 즉 딸을 번제물로 드리는 것으로 이야기가 끝난다면 우리는 입다의 딸의 이야기에서 여성들을 격려하는 그 어떤 점도 발견할 수 없을 것이다. 그러나 이 이야기는 39~40절의 이야기의 주체를 하나님과 언약으로 시작하여 언약에 희생된 희생자를 주인공으로 삼음으로 끝나게 된다. "딸이 남자를 알지 못하였더라" 하는 말씀에서 입다의 딸이 젊은 나이에 폭력적 죽임을 당했을 뿐더러, 결혼하기 전에 죽음으로 그녀의 사후에 그 이름을 기억해 줄 자손을 갖지 못했다는 의미를 함축적으로 표현하고 있다. 뿐만 아니라 "많은 후대의 이스라엘의 딸들이 이렇게 희생된 입다의 딸을 기억하여 애곡하는 전통을 가졌다."라는 것으로 이야기를 맺는다.

결혼하지 않고 죽으므로 이름을 남길 자손도, 가족도 갖지 못한 여인이었지만, 사사기 본문은 후대의 딸들이 그녀를 기억했다고 이야기한다. 사사기의 이야기처럼 폭력에 의하여 죽임당한 여성들을 기억하는 일이야말로 폭력의 재발을 방지하는 첫걸음이 될 것이다.

성경에서 실천으로

1. 한국교회 안에서 여성에 대한 폭력의 예를 들어 봅시다.

우리나라의 선교 초기만 해도 교회는 사회보다 여성의 문제에 대해 열려 있어서 여성을 존중하고 남녀평등을 전해 준 기독교야말로 여성들에게 복음이었다. 그러나 시간이 지나면서 한국교회는 한국 사회의 어느 부분보다도 여성에 대한 인식이 부족하고, 오히려 억압적인 조직으로 변하고 말았다. 특별히 영과 육을 구별하는 이분법적인 사고가 여성에 대한 폭력을 정당화하고, 여성에 대한 잘못된 인식을 강화시켜 온 것이 사실이다. 여성이 육체적으로는 약하고, 정신적으로는 열등하고, 도덕적으로는 악하다는 유교 정신에 입각한 기독교 정신이 한국교회 안에서 여성들의 생명의 영성을 억압하여 왔다. 유교에 뿌리를 둔 한국의 남성중심문화의 결과인 남아선호로 인한 여아 낙태와 살해, 성매매, 성폭력과 강간의 문제는 하나님의 형상인 여성의 존엄성이 무참하게 짓밟혀 온 생명 죽임의 현장들이다. 따라서 생명살리기운동에 여성의 하나님 형상 회복과 구체적으로 성 불평등을 해소시키는 제도, 문화적 변화를 통해 양성 평등 세상을 구현하는 것은 생명문화의 회복을 구체적으로 실현하는 길이다.

2. 여성에 대한 폭력을 정당화하는 잘못된 사회적, 종교적 통념들의 구체적인 예를 들어 봅시다.

여성에 대한 폭력을 정당화하는 잘못된 통념들을 버려야 한다. "아내를 때리는 것은 가정 안에서의 부부싸움에 지나지 않는다. 아내 구타는 있을 수 있는 일이다. 우리나라에서는 사실 심한 아내 구타는 거의 없다. 때리는 남편은 노동계급이나 사회적 지위가 낮은 남자들이다. 때리는 남편들은 술 때문이다. 사랑하기 때문에 아내의 버릇을 고치려고 손을 좀 봐주는 것이다. 매 맞는 아내는 맞을 만하니까 맞는 것이다. 이혼은 쉬운 일이지만 다 이유가 있어서 맞고 산다." 등

아내를 때리는 행위는 분명한 폭력이다. 아내를 때리는 남편은 사회적 지위, 경제적 능력, 교육 정도에 상관없이 폭력을 휘두른다. 폭력의 피해자인 여성들은 단순히 육체적인 상처만이 아니라 심각한 정신적, 영적 상처를 입는다. 이혼이 쉽다고들 이야기하지만, 폭력의 피해자인 여성들에게는 폭력의 장본인인 가해자를 떠나는 일조차도 용기를 내지 못하는 경우가 대부분이다. 심리적, 종교적, 사회적인 억압의 기제가 여성에 대한 폭력에 자리하고 있기 때문이다.

3. 우리 교회는 여성에 대한 폭력에 대하여 어떤 입장을 가지고 있는지 나누어 봅시다.

한국교회에서 여성 문제가 중요한 것은 단순한 남녀평등의 논리를 뛰어넘어 생명살림을 반하는 죽임의 문화에 가장 큰 피해를 당하는 집단 중 하나가 여성이기 때문이다. 생명의 문제에서 여성은 소외될 수 없는 주체이다. 그러나 생명은 오늘날 교회와 사회 안에서 가장 긴급한 주제이지만 결코 단숨에 해결할 수 있는 주제가 아니기 때문에 지속적이고 장기적인 작업이 필요하다. 왜냐하면 생명의 문제는 현대사회의 물질중심주의, 기술문명중심주의, 인간중심주의, 남성중심주의 등과 결합하면서 정신적이고 영적인 차원으로 확장되는 전 지구적 주제이기 때문이다. 동시에 생명의 문제는 모든 것이 연결된 복합적인 문제이기 때문에 생명중심적 관점은 반생명문화에 의해 이

미 깊이 병든 한국 사회를 위한 교회의 선교적 과제를 바르게 풀어 낼 수 있는 방법을 제공한다고 생각한다. 따라서 교회 안에서 여성에 대한 폭력을 다룰 때, 우리들은 단순한 폭력 반대를 넘어서 생명문화로 연결하는 폭력 극복의 방법들을 모색해야 할 것이다. 그러기 위해서 여성들이 폭력을 극복한 사례들을 찾아내고 실천하는 일이 시급하다.

4. 폭력을 극복한 여성들의 사례를 나누어 봅시다. 폭력을 극복하기 위해 어떤 일들이 선행되어져야 합니까?

과연 교회는 여성에 대한 폭력 극복을 위하여 무슨 일을 할 수 있을까? 지금까지 교회는 여성에 대한 폭력에 구체적인 입장을 정하지 않거나 개개인의 일로 취급하여 온 것이 사실이다. 그러나 여성에 대한 폭력은 반드시 극복되어야 할 죄 된 일이며, 우리 모두의 연대를 요구하는 일이기도 하다. WCC의 총무였던 콘라드 라이저 목사는 "연대는 다른 사람에 의하여 접촉되기를 기다리며 준비된 상태를 말한다."라고 했다. 이것은 교회가 피 흘리며 고통당하는 여성들에게 다가가는 것을 의미한다. 폭력의 상처로 고통 중에 있는 여성들에게 다가가 손잡는 교회의 노력을 요구하는 것이다. 여성에 대한 폭력이 극복되어지지 않는 한 그 어떤 여성도 자유로울 수 없고, 상처입고 신음하는 여성들의 울부짖음에 귀 기울이지 않으면 우리 교회는 생명의 소리를 들을 수 없을 것이다.

폭력을 극복하기 위해서는 입다의 딸을 기억하며 함께 슬퍼했던 이스라엘의 딸들과 같이 여성에게 가해졌던 폭력들과 그 희생자들을 기억하며 같은 일이 반복되지 않도록 방지하는 일이 필요하다. 교회 안에서 여성과 남성이 함께 서로의 상처를 보듬어 줄 수 있을 때 상처들이 치유되고, 폭력 극복의 실마리가 열리게 될 것이다.

11과

이주민과 다문화가정

11과 이주민과 다문화가정

본문말씀 신명기 24 : 17~18, 마가복음 11 : 15~19

오늘의 말씀

"이에 가르쳐 이르시되 기록된 바 내 집은 만민이 기도하는 집이라 칭함을 받으리라고 하지 아니하였느냐 너희는 강도의 소굴을 만들었도다 하시매"(막 11 : 17).

수업목표 본 과를 통해서 인도자는 학습자에게

1. 성경을 통해 이주민을 대하는 바른 태도를 알게 한다.
2. 교회가 이주민과 함께 기도하는 집임을 깨닫게 한다.
3. 이주민에 대한 편견을 극복하고 이웃으로, 형제자매로 대하도록 한다.

도움자료

한민족평화선교연구소, 「둘, 다르지 않은 하나 : 북한이탈주민 선교의 과제와 전망」(서울 : 한들출판사, 2007).

황홍렬, "외국인근로자/이주노동자선교와 생명살림실천," 대한예수교장로회총회 생명살리기운동10년위원회 편, 「하나님 나라와 생명살림 실천 : 노회의 사례와 신학적 평가」(서울 : 대한예수교장로회총회, 2009), pp. 137 – 178.

오현선, "한국 사회 여성이주민의 삶의 자리와 기독교교육적 응답," 오경

석 외 지음, 「한국에서의 다문화주의 : 현실과 쟁점」(서울 : 한울, 2007), pp. 231 - 259.

세상 바라보기

이주노동자 가족의 사례

영광이는 엄마와 함께 초등학교에 등교하던 길에 엄마가 '불법체류 외국인'으로 단속되어 추방될 위기에 처했다. 영광이는 초등학교 1학년생으로 교회학교에서 배운 대로 "기도하면 된다."라고 생각하고 기도하여 오히려 어른들을 위로했다. 엄마가 갇혀 있는 목동 출입국관리소에 가서 "우리 엄마를 집에 오게 해 주세요."라고 외치기도 했다. 가족과 교인들이 함께 기도드린 후 목동 출입국사무소는 그녀를 석방했다. 영광이 엄마와 아빠는 한 달 뒤 부활절에 세례를 받았다(부천노회 다문화교회의 사례).

1. '불법체류자'는 모두 반드시 추방되어야 합니까? '불법체류자'가 저지른 '불법'은 무엇입니까?

'불법체류자'에서 '불법'은 비자 서류의 기한이 지났거나, 여권이 위조되었거나, 비자 목적 이외의 체류라든가 하는 점에서 불법이다. 따라서 이들을 범죄자처럼 취급하는 것은 부당하다. 그래서 학계와 이주노동자선교 관련 단체에서는 '미등록노동자'라고 부른다. 그런데 미등록노동자라고 모두 추방되어야 하는가? 한국 정부뿐 아니라 미국 정부도 미등록노동자에 대해서는 '애꾸눈' 정책을 편다. 즉, 경기가 좋을 때에는 미등록노동자들을 못 본 척하다가 불황이 되면 이들이 제일 먼저 희생양으로 추방된다. 그런데 연수제도가 '현대판 노예제'라고 지탄을 받아 2004년부터 고용허가제가 실시되고, 2007년부터는 연수제도가 폐지되었다. 그렇지만 미등록노동자들은 아직도 약 20만 명이나 남아 있다. 비유하자면 앞문에서 단속하여 추방하면 뒷문으로 들어오는 격이다. 서구 사회에서도 제2차세계대전 이후 국가 재건을 위해 식민지국가 사람들에게 시민권을 주는 조건으로 노동자로 들어오게 했다. 1970년대 오일쇼크 후 외국인 이주노동자들을 받지 않았지만, 그들이 시민권자로 가족을 초청하여 외국인이 들어오는 것을 막을 수 없었다. 결국 외국인노동자의 이주는 한 번 열리면 닫기가 어렵다는 것을 보여 준다. 우리 사회가 미등록노동자들을 모두 추방할 수 있을까? 현실적으로 가능하지 않지만 실현되어도 곤란하다. 왜냐하면 KTX, 인천국제공항 같은 대형공사가 어려울 뿐 아니라, 크고 작은 음식점들도 문을 닫아야 하고, 영세한 공장들이 문을 닫아 한국경제가 막대한 타격을 받기 때문이다.

다문화가정의 사례들

한국 남성과 결혼한 한 페루 여성은 큰 딸 해미가 초등학교에 다닐 때 '준비물' 을 보고 '물을 준비해 오라는 것' 으로 알았다고 한다.

불교 가정에서 자란 베트남 여성이 한국 남성과 결혼해 부산에 정착하면서 교회로부터 많은 도움을 받아 교회에 나가기 시작했다. 큰 딸 설아도 교회 유치부를 열심히 다녔다. 설아 엄마는 술을 많이 마시는 설아 아빠가 술을 마시지 않게 해 달라고 기도했고, 얼마 후 설아 아빠가 술을 끊고 교회를 다니기 시작했다(대저교회).

파키스탄 남성과 결혼한 한국 여성은 어렸을 때 교회를 다녔지만, 지금은 남편 종교를 따라 독실한 이슬람 신자가 되었다. 그리고 딸 가영이를 이슬람 신자로 양육한다.

한국 남성과 결혼한 인도네시아 여성은 이슬람 신자인데, 남편이 알코올중독자이며 기초생활수급자로 정부로부터 지원을 받고 있다. 그런데 남편은 술만 마시면 아내를 때리고 물건을 부쉈다. 인도네시아 여성은 교회로부터 도움을 받으며 아들을 교회에 보내고 있다. 그녀는 편찮으신 아버지를 만나고 싶다고 교회에 도움을 요청했다.

2. 한국교회는 다문화가정을 어떻게 도울 수 있습니까? 그보다 먼저 우리가 그들에 대해 지닌 편견은 무엇입니까?

2005년에 보건복지부가 전국 다문화가정을 대상으로 한 조사보고서에 의하면 부부 사이의 나이차는 평균 7세이다. 나이차가 많음에도 불구하고 외국 여성들이 한국 남성의 돈을 보고 결혼했다는 편견 때문에 괴로워하는 결혼이주여성들을 많이 보았다. 결혼중개기관이나 통일교에 속아서 결혼한 사람들도 있지만, 가족이나 친지의 소개로 만나 결혼하거나 연애결혼한 사람들도 많다. 최근 미국에 거주하는 미군과 결혼한 한국 여성들에 대한 실증적 연구에 의하면, 그들은 다른 한인들과 크게 다르지 않음이 입증되었다. 그런데도 한인들은 미군의 부인이라면 모두 술집 여자 출신이라는 편견을 갖고 있어 그녀들을 괴롭힌다. 또한 다문화가정에 속한 자녀들도 피부색이나 외모의 차이로 학교에서 차별을 받는다. 한국 어린이들과 외모가 크게 다르지 않으면 차별을 받지 않지만, 같은 형제라도 피부색이 진하면 차별을 받는다.

한국이 단일민족, 단일문화권이라는 주장은 일제시대에 등장한 민족주의의 맥락에서 이해해야 한다. 세계화시대에 배타적 민족주의는 국가 발전을 저해하게 된다. 현재의 '한류'는 문화 자본을 앞세운 일방적 한류여서 길게 볼 때 국익에도, 세계선교에도 도움이 되지 않는다. 오히려 다문화가정을 통해 아시아와 다양한 나라의 문화를 배우고, 상호 간에 대등한 만남과 사귐을 통해 국익이나 세계선교에 도움이 될 수 있다. 세계선교를 교회가 서 있는 지역사회로부터 할 수 있는 새로운 시대가 열렸다. 하나님께서 주신 새로운 기회를 한국교회가 저버려서는 안 된다. 그들을 돕는 길을 통해 구원의 새로운 길이 열리고, 세계선교의 새로운 장이 열린다면, 이주민선교는 21세기 세계선교에서 핵심적 역할을 할 것이다. 따라서 이들을 단지 우리가 도와야 할 '불쌍한 존재'로만 보는 것은 하나님의 새로운 구원의 경륜을 간과하는 무지한 길이 될 것이다.

세상에서 성경으로

구약성경의 배경

노크리(נכרי)와 자르(זר)는 어떤 고장에 정착해서 일정 기간 합법적인 자격을 갖추고 사는 사람을 가리킨다. 이에 반해 게르(גר)는 정치적, 경제적, 사회적 이유로 자기 고장을 떠나 다른 고장에 사는 자들로 현지 주민들의 환대에 의존할 수밖에 없는 나그네를 말한다.[1] 이러한 나그네의 사회적 지위는 안식일에 대한 언급 중 나그네가 가축과 종 다음에 나온 데에서 알 수 있다(출 23 : 12). 당시 사회에서 나그네는 가축이나 종보다 더 쓸모없는 존재였다. 아니 게르는 '보호받아야 할 손님이고 보살펴 주어야 할 나그네' 였다. 포로기 이전의 게르는 '순전히 자기 동족에게서 떨어져 나와 다른 동족의 땅에 거주하는 자로서 자기 토지를 지니지 못한 채 살아가는 자들' 을 가리키는 용어였지만, 포로 후기 시대의 게르는 '이스라엘 공동체를 구성하는 두 구성원 중 하나로 인정되면서 주변 인생들이 아닌 한 사회의 구성원으로서 그 사회 구조 속에서 중요한 역할을 담당하는 자들로 인정' 되었다.[2] 이렇게 된 데에는 이스라엘이 족장들뿐 아니라 자신의 역사를 게르의 역사로 보았기 때문이다.

이스라엘 민족이 자신의 정체성으로 게르 의식을 갖게 된 것은 출애굽과 밀접한 관련이 있다. "게르 의식은 출애굽 정신의 핵심이며, 또한 출앗시리아와 출바벨론의 정신, 즉 엑소더스(exodus)의 정신이기도 하다."[3] 구약성경 학자들은 계약법전(출 20 : 22－23 : 33)이 기원전 8세기 말 히스

---

1. 왕대일, "나그네(게르, גר)－구약신학적 이해," 「신학사상」(제113호, 2001년 여름), p. 103.
2. 위의 글, p. 116.
3. 이종록, "너희도 전에는 게르였다－외국인 노동자 선교를 위한 구약성서적 이

기야 시대 학자들에 의해 편집된 것으로 본다. "너는 이방 나그네를 압제하지 말며 그들을 학대하지 말라 너희도 애굽 땅에서 나그네였음이라"(출 22 : 21). 여기서 앞에 나오는 "너"와 "이방 나그네"는 단수이고, 뒤에 나오는 "너희"와 "나그네"는 복수이다. 전자의 "너"는 예루살렘 성 안에 사는 유대인을 가리키고, 후자의 "너희"는 그 유대인과 앗시리아의 공격을 피해 온 난민(이스라엘인)을 가리킨다고 본다. 바꿔 말하면 당시 이스라엘의 정체성에 대해 출애굽 사건을 기억하면서 유대인과 난민 이스라엘인을 모두 포괄하려 했다는 점이 계약법전을 작성한 자들이 의도하는 것이다.[4] 이처럼 출애굽 사건과 게르 의식은 기원전 8세기 히스기야 시대나 포로기 시대나 이스라엘 백성의 정체성을 결정할 때 중요한 역할을 했다.

1. **믿음의 조상 아브라함(창 12 : 4), 이삭(창 26 : 1), 야곱(46장 이하), 그리고 요셉(창 41 : 41-45)에 대해 이주민의 시각에서 이야기해 봅시다.**

믿음의 조상 아브라함은 하나님의 지시에 따라 고향 하란을 떠났다(창 12 : 4). 당시 고향을 떠난다는 것은 오늘날 여권 없이 여행하는 것처럼 위험으로부터 보호를 전혀 받지 못함을 의미한다. 그는 가나안에서 심한 기근을 만나 곡창지대인 애굽으로 떠났다. 이삭은 가나안에서 흉년을 만나 그랄로 이주했다(창 26 : 1). 야곱은 두 번씩 아들들을 애굽으로 보내 식량을 얻게 했다(창 41 : 57-42 : 6, 43 : 1-7). 그러다가 결국 야곱은 온 가족을 데리고 애굽으로 이주해서 아들 요셉의 돌봄을 받아 기근을 면하게 되었다(창 46장 이하). 이처럼 믿음의 조상 아브라함, 이삭, 야곱은 모두 생애의 상당 기간을 이주민(식량 난민)으로 살았다.

해," 대한예수교장로회총회전도부 외국인근로자선교회후원회 엮음, 「외국인 노동자 선교와 신학」(서울 : 한들출판사, 2000), p. 136.

4. Sungjae Kim, "God of Migrants and Migrants with God towards Peace-Making," in *CTC Bulletin*, Vol. XXII, No. 3(December 2006), pp. 40-42.

애굽의 총리가 된 요셉은 애굽 문화에 적응해야 했다. 바로 앞에 나가기 위해 애굽식으로 수염을 깎고 애굽 의상을 입어야 했다. 총리 즉위식은 애굽 관습대로 했다(창 41 : 41-43). 그리고 요셉은 '사브낫바네아'라는 애굽 이름을 받았고, 온의 제사장 보디베라의 딸인 아스낫과 결혼하여(창 41 : 45) 이스라엘인과 애굽인으로 형성된 다문화가정을 이뤘다. 그렇지만 요셉은 장남의 이름을 므낫세(잊어버림.)라고 하고, 차남의 이름을 에브라임(창성함.)이라고 부름으로써 하나님을 잊지 않고 있음을 알 수 있다(창 41 : 50-52).

2. 출애굽의 지도자 모세의 생애를 이주민과 다문화가족의 관점에서 이야기해 봅시다.

구약성경에서 이주민, 나그네 의식이 가장 강한 사건이 출애굽이다. 이 사건은 이스라엘의 신앙과 역사에 큰 영향을 주었다. 그런데 모세는 바로의 궁정에서 자라며 교육을 받아 이중언어와 문화훈련을 받았다. 그는 애굽인을 살해하고 도피했다가 미디안 제사장의 딸 십보라와 결혼해 다문화가정을 이뤘다. 모세는 이중언어와 문화뿐 아니라 이주민 체험을 함으로써 출애굽 사건의 지도자 자격을 갖췄다.

이스라엘인들은 이러한 이주민 의식을 반영해 "……내 조상은 방랑하는 아람 사람으로서…… 애굽 사람이 우리를 학대하며…… 하나님 여호와께 부르짖었더니…… 우리를 애굽에서 인도하여 내시고…… 땅을 주셨나이다…… 네 하나님 여호와 앞에 경배할 것이며…… 너는 레위인과 너희 가운데에 거류하는 객과 함께 즐거워할지니라"(신 26 : 5-11)라고 고백한다.

3. 예수님의 족보에 오른 여인 중 다문화가정에 속한 여인들(라합, 룻, 마 1 : 5)이 생애와 믿음에 대해 이야기해 봅시다.

여리고 성에 온 정탐꾼들을 숨겨 주었던 이방 여인인 라합은 살몬과 결혼하여 보아스(다윗의 증조부)를 낳았다. 히브리서는 라합에 대해 "믿음으로 기생 라합은 정탐꾼을 평안히 영접하였으므로 순종하지 아니한 자와 함께 멸망하지 아니하였도다"(히 11 : 31)라고 기록하고 있다. 사사시대에 흉년이 들자 엘리멜렉은 아내 나오미와 두 아들을 데리고 모압지방으로 이주했다가 사망하고, 얼마 뒤 모압 여인들과 결혼한 두 아들도 사망한다. 나오미는 두 며느리를 모압에 남겨 두고 홀로 귀국하려 했지만, 룻이 끝까지 함께하고자 해서 함께 이스라엘로 귀국했다. 결국 룻은 엘리멜렉의 친족인 보아스와 결혼하여 오벳(다윗의 할아버지)을 낳았다. 이 두 가정은 다문화가정으로 예수님의 족보에 올라 있다(마 1 : 5).

신약성경의 배경

'파로이코이'(παροικοι)는 거류 외국인으로서 토착 주민만은 못하지만 일정한 법적 권리를 가진 집단이다. 반면에 '크세노이'(ξενοι)는 아무런 법적 보호를 받지 못한 외국인을 가리킨다. 외부인으로서 크세노이는 적이면서 동시에 친구인데, 이는 이 말에 내포된 모순된 이중적인 심리적 함의를 잘 표현해 준다.[5] 낯선 사람이기에 사람들은 일단 적으로 간주되기도 하지만, 때로는 손님으로 접대하면서 적대관계나 긴장관계를 극복하려 한다. 신약성경이 강조하는 이웃 사랑은 크세노이에 대한 무조건적인 사랑을 의미한다.[6] '선한 사마리아인의 비유'는 크세노이인 사마리아인이 강도 만난 유대인의 이웃 역할을 했다는 비유이다.

초대교회는 이웃에 대한 접대를 형제애와 관련지었다(요일 3 : 14, 17). 그래서 초대교회의 나그네 상설 숙소(hospitalia)가 나중에 병원(hospital)이 되었다.[7] 외국인과 관련해 신학적으로 가장 중요한 것은 교회가 나그네를 접대하고 사랑하고 섬기다가 자기 자신을 나그네로서 이해하게 된 점이다. 기독교인들은 "흩어진 나그네"(벧전 1 : 1)들로서 "장차 올

---

5. 박경미, "신약성서에 나타나는 '외국인' 개념과 초대 기독교인의 자기의식의 표지로써의 '외국인'," 「신학사상」(제113호, 2001년 여름), pp. 130 – 131.
6. 위의 글, p. 135.
7. 위의 글, p. 140.

것(도시)을 찾"(히 13 : 14)는 "흩어져 있는 열두 지파"(약 1 : 1)이다. 이러한 구절들은 "집 없는 나그네이지만 하나님 안에서 집을 발견했다는 초대 기독교인들의 자의식을 반영"[8]한다.

4. 예수님도 이주민 체험을 하셨습니까?

예수님은 태어나자마자 헤롯의 살해 위협을 피해 한동안 애굽으로 피해 계셨다(마 2 : 13－21). 이처럼 예수님의 생애는 난민 체험으로 시작됐다. 고향 나사렛과 공생애의 대부분을 지냈던 갈릴리는 이방인의 지역이었다. 유대인들뿐 아니라 이방인들이 많이 살던 지역에서 살고 가르치셨던 예수님은 이주민, 나그네에 대해 무엇을 가르치셨는가?

5. 예수님의 가르침에서 자주 등장하는 이주민, 나그네는 누구입니까?

예수님 당시에 사마리아인들은 유대인들에게 이방인일 뿐 아니라 적이었다. 앗수르의 점령에 의해 혼혈정책으로 유대인과 이방인의 결혼이 이뤄졌기 때문이다. 예수님은 영생을 구하며 "내 이웃이 누구입니까?"라고 묻는 율법교사에게 "누가 강도 만난 자의 이웃인가?"라고 되물으신다(눅 10 : 25－37). 제사장과 레위인이 피해자인 유대인을 못 본 체 지나가고, 사마리아인이 그를 구했다는 예수님의 이야기는 당시 시대적 배경 속에서 보면 대단히 반문화적이고 도발적이다. 또한 예수님은 수가라는 동네에서 사마리아 여인과 대화를 하셨다. 예수님은 우물가에서 죄 많은 이 여인에게 물을 달라고 하셨다. 이러한 행위는 제의적으로 불결해질 뿐 아니라 예수님의 명성에 큰 흠집을 낼 수 있는 사건이었다. 그렇지만 예수님은 이 여인과 구원에 대한 대화를 나눔을 통해 이 여인을 구원하시고, 그 마을에 구원의 소식을 전하셨다(요 4 : 1－42). 유대인들이 그토록 증오했던 사마리아인들은 혼혈인, 즉

---

8. 위의 글, p. 143.

다문화가정의 후손들이었다.

예수님은 인자가 최후의 심판을 할 때, 나그네, 이주민 영접을 심판 기준의 하나로 제시하셨다(마 25 : 35). 즉, "내 형제 중에 지극히 작은 자"(마 25 : 40)가 심판의 기준이다. 나그네, 지극히 작은 자 한 명이 주렸을 때 먹을 것을 주었고, 목마를 때 마실 것을 주었고, 헐벗었을 때에 입을 것을 주었고, 옥에 갇혔을 때에 와 본 것과 그렇지 않은 것이 심판의 기준이다.

6. 우리에게 동족이면서 원수처럼 지내는 사마리아인 같은 사람들은 누구입니까? 최후 심판(마 25 : 31-46)에 등장하는 지극히 작은 자들은 오늘날 누구입니까?

동족이면서도 이데올로기가 다른 북한 동포들이 남한 사람들에게는 이방인이면서도 적이다. 사마리아인에 대한 예수님의 비유나 가르침은 이러한 시각에서 보면 충격적이지만 제대로 이해될 수 있다. 오늘 우리 사회에서 예수님의 지극히 작은 자들은 이주노동자들, 결혼이주여성들, 다문화가족들, 북한이탈주민들, 난민들 등 이주민을 포함하고 있다. 그 밖에도 장애인, 농민, 비정규직 노동자, 실직·노숙인, 가출청소년 등이 있다. 그런데 교회가 이들에게 무관심하거나 관심을 가져도 '긍휼히 여길 불쌍한 존재'로만 보는 것은 아닐까? 성경에서 예수님은 최후 심판의 기준이 이들에게 하는 우리의 행위라고 하셨는데, 우리는 거꾸로 우리 중심으로 이들을 바라보고 있지는 않은가?

성경에서 실천으로

이주민과 교회 : 만민이 기도하는 집으로서의 교회

땅도 없고 친척도 없는 이주민, 나그네는 이스라엘인들의 환대에 의존하지 않을 수 없었다. 그러나 율법은 그들을 제도적으로 보호하는 장치를 마련했다. 3년에 한 번씩 십일조를 이주민, 객을 위해 사용하게 하는 것이다(신 14 : 28－29). 십계명은 그들이 안식일에 쉬도록 했다(출 20 : 10). 법정에서도 이주민들을 외국인이라는 이유로 차별을 해서는 안 된다(신 1 : 16－17). 그들의 송사를 억울하게 하지 말아야 할 이유는 출애굽 사건과 관련되어 있다(신 24 : 17－18). 예언자들도 나그네를 학대하는 행위를 심판 대상으로 선언했다(렘 22 : 3, 겔 22 : 7, 말 3 : 5).

예수님의 '성전 정화' 사건(막 11 : 15－19)의 핵심은 장사하는 자들을 성전에서 내치신 것이 아니라 그것을 통해 성전을 "만민이 기도하는 집"으로 만들려고 하신 것이다. 예루살렘 성전은 이방인의 뜰, 유대 여성, 유대 남성, 제사장, 대제사장이 들어갈 수 있는 공간의 구별이 명확하다. 중요한 것은 이방인에게 허용된 공간이 장사꾼들 때문에 무용지물이 됨으로써 이방인 구원의 길이 막힌 점이다. 이것을 예수님은 "강도의 소굴"로 표현하셨다. 성전이 만민이 기도하는 집이라면 교회 역시 만민이 기도하는 집이 되어야 한다. 다양한 인종, 다양한 문화를 지닌 사람들이 함께 하나님께 예배드리는 곳이 교회이다.

그런데 초대교회는 이주민들을 섬기다가 스스로 이주민, 나그네 의식을 갖게 되었다. 베드로 사도는 베드로전서에서 수신자들을 "흩어진 나그네"(1 : 1)로 표현한다. 그리고 초대교회 교인들을 "거류민과 나그네 같은 너희"(2 : 11)라고 지칭함으로써 나그네를 섬기다가 나그네처럼 된 초대교회의 그리스도인들, 세상에 살면서 하나님 나라를 사모하는 이주민, 나그네 자의식을 지닌 순례자와 같은 그리스도인의 본질을 잘 그리고 있다.

도움말

마가복음 11 : 15~19 사이에는 소위 '성전을 깨끗하게 하신 예수님'이 기록되어 있다. 성전에서 불의한 이익을 탐내는 자들에 대해서 꾸짖으신 것으로 흔히들 말한다. 그러나 예수님은 성전이 "강도의 소굴"이 아니라 "만민이 기도하는 집"(17절)이라고 하셨다. 예루살렘 성전에는 유대인 남성, 유대인 여성이 드나드는 곳과 아울러 이방인의 뜰이 있다. 이방인들도 성전에 와서 예배드릴 수 있었다. 그런데 대제사장을 비롯한 종교 지도자들과 장사꾼이 야합해서 이방인의 뜰을 점령하여 환전하고 제물을 팔았다. 이렇게 해서 부당한 이득을 취한 것만이 아니라 이방인이 예배드릴 권한을 박탈했다. 그래서 예수님은 "내 집은 만민이 기도하는 집"이라 하셨다.

한국교회가 이주노동자선교를 하면서 깨달아야 할 것 중에 한 가지는 이주노동자들이 한국교회에 함께함으로써 비로소 한국교회가 만민이 기도하는 집이 되어 가고 있다는 점이다. 한국인만 예배를 드려서는 민족교회를 넘어설 수 없다. 이제 지구화, 세계화시대에 접어들면서 이 땅에 120만 명이 넘는 외국인들이 함께 일하고, 살고, 예배에 동참하면서 한국교회가 만민이 기도하는 집이 되기 시작했다. 이것은 한국교회사적으로, 선교사적으로 대단히 획기적인 사건이다. 만민이 기도하는 집으로서의 교회는 이주민들이 아니면 성취될 수 없다. 따라서 한국교회는 이주노동자들에게 물질적으로나 신앙적으로, 영적으로 도움을 준다고만 생각해서는 안 된다. 이들이 아니면 한국교회는 지금과 같은 규모와 범위로 만민이 기도하는 집이 될 수 없다. 바꿔 말하면 한국교회는 이주노동자들에게 주는 것만이 아니라 받는 것도 많음을 분명히 깨달아야 한다.

1. 우리 교회는 만민이 기도하는 집입니까? 그렇게 되기 위해서 교회가 실천할 수 있는 것은 무엇인지 이야기해 봅시다.

한국교회는 한국교인들이 중심이 되어 있다. 한국교회가 만민이 기도하는 집이 되기 위해서는 이주민들이 반드시 함께해야 한다. 이것은 이주민선교의 접근방식의 전환을 요청한다. 이주민들을 불쌍히 여길 것이 아니라 이들이 아니면 한국교회가 만민이 기도하는 집이 될 수 없으므로 이주민들을 존귀하게 대하여야 한다. 이제 더 이상 한국교회는 이주민들이 예배에 참여하거나 세례 받는 데에만 관심을 가질 것이 아니라 이주민들을 교회와 예배의 핵심 구성원으로 보도록 발상의 전환을 해야 한다. 그리고 이주민들이 우리 사회와 교회에 잘 정착할 수 있도록 지원하는 것을 주요 선교과제로 여겨야 한다. 이주민들에게 한글과 한국문화를 가르칠 뿐 아니라 이주민들이 지닌 문화와 언어, 나라에 대한 관심을 갖고 배우는 교회가 되어야 한다. 초대교회는 이주민들을 섬기다가 스스로 이주민, 나그네 의식을 지녔다. 한국교회도 이주민을 섬기면서 이주민, 나그네 의식을 회복해야 한다. 이주민 의식의 회복을 통해 출애굽 정신, 출바벨론 정신, 새 출애굽으로서의 부활 정신을 회복해야 한다.

이주민 선교

성경에서 이주민은 믿음의 조상 아브라함으로부터 출애굽 사건, 예수님의 족보, 초대교회에 이르기까지 광범위하게 등장하고 있음을 알게 되었다. 그리스도인들은 이주민들을 세상의 눈으로 볼 것이 아니라 믿음의 눈으로 보아야 한다. 그래서 그들을 '우리가 도와야 할 불쌍한 사람들' 보다는 그들이 아니면 한국교회가 "만민이 기도하는 집"이 될 수 없는, 한국교회에 꼭 필요한 사람들로 보아야 한다. 또 교회가 세상에서 '나그네, 이주민 의식' 을 지닐 때 영적으로 건강한 교회임을 배우게 되었다.

그러면 이주민선교는 어떻게 해야 할까? 한국교회의 필요를 따라서가 아니라 이주민의 필요에 따라 섬겨야 한다. 북한이탈주민선교에서 가장 큰 문제는 한국교회들이 예배 출석과 세례 이외에는 별로 관심이 없다는 점이다. 이주민선교를 하기 위해서는 먼저 이주민의 필요에 교회가 부응해야 한다. 이주민들은 한국 사회에 일정 기간 또는 장기적으로 살려고 온 자들이기 때문에 언어적으로, 문화적으로, 경제적으로 정착하도록 지원하는 것이 급선무이다. 북한이탈주민조차도 한국 사회에 적응하는 데 오랜 시간이 걸린다. 이주민들의 정착 기간 동안 이주민들을 그리스도의 사랑으로 참고 기다리는 것이 이주민선교에서 가장 중요한 과제이다. 이를 위해서는 우리 자신의 배타적 태도나 이주민 앞에서 스스로를 우월하다는 고정관념을 버려야 한다.

다음으로는 이주민선교는 타 문화권 선교라는 점을 명심해야 한다. 우리는 한국 사회를 단일문화권으로 이해해 왔지만 외국인 수가 120만 명이 넘어섰고, 결혼이주여성이 15만 명이며, 북한이탈주민은 1, 2년 사이에 2만 명으로 증가할 것이다. 2020년 농촌 미성년 인구의 절반은 다문화가정의 자녀들이다. 현재의 '저출산, 고령화사회'는 이러한 다문화 사회로의 전환을 더 빠르게 할 것이다.

이주민선교의 한 핵심은 다른 문화를 배움으로써 이주민을 바르게 이해하고 소통하는 것이다. 일방적으로 한국 문화에 동화되는 것만 강조하는 것은 위험한 태도이다. 그리고 이주민들이 지닌 상처를 치유하는 것도 중요한 선교과제이다. 바꿔 말하면 그들은 주님의 사랑이 아니면 치유되지 않을 상처를 지닌 사람들이다. 우리의 선입견이나 편견 때문에 그 상처가 덧난다면 우리는 그들의 구원의 장애물이 될 것이다. 그들이 아니면 한국교회는 만민이 기도하는 집이 될 수 없다는 절박한 심정으로 이주민선교를 할 때 열매를 거둘 것이다.

도움말

베드로와 고넬료의 만남(행 10장)에서 보는 것처럼 성령은 타자인 고넬료뿐 아니라 선교사인 베드로 자신에게도 역사하여 인종, 문화, 언어의 경계를 넘어서서 모든 사람이 하나님의 자녀 됨을 발견하게 하셨다. 하나님께서 아브라함을 선택하신 것은 처음부터 그를 통해 열방을 구원하시기 위함이었다. 하나님께서 열방의 구원을 위해 성령을 주셨다. "하나님의 말씀은 열방에게 축복을 의미하며(창 22 : 18), 하나님은 우리에게 '생명의 길'을 보이셨다(행 2 : 28)."[9]

이와 같이 하나님의 말씀을 통해 축복을 받고 생명의 길에 모인 열방

---

9. "The Word of God : A Blessing for all Nations – Biblical Pastoral Ministry in a Pluralistic World –," Final Statement, the 6th Plenary Assembly of the Catholic Biblical Federation(September, 2002).

이 함께 신앙공동체를 이루는 일이 한국교회에도 시작되었다. 안산에 있는 다문화교회(박천응 목사, 박홍순 목사)는 7~8개 국가 출신 신자들이 모여 예배를 드린다. 주의 기도를 여러 나라 언어로 각자 드리거나 설교 본문을 여러 나라 언어로 각 나라 사람이 나와서 차례로 봉독한다. 외국인보호소에 잡혀간 아무나 성도(스리랑카)를 위해 기도하고, 그녀가 석방된 뒤에는 감사기도를 드린다. 그녀는 부활절에 세례를 받았다. 네덜란드 헤이그에 있는 성 마르다 교회는 유럽, 아시아, 북미, 남미, 중동, 아프리카 등 전 세계에서 모인 신자들로 구성되어 있다. 그들은 한 달에 한 번 다문화 성만찬 잔치를 벌인다. 각 나라별 가치와 기쁨을 드러내면서도 일치를 느끼게 하는 성만찬이다. 이런 성만찬을 통해 그들은 공동체들 속에서 하나의 공동체를 향해 나아가는 과정에 있다.[10]

이민으로 세워진 미국의 다인종교회의 모델로는 국제성서교회(International Bible Church)와 우리구원의반석교회(Rock of Our Salvation)를 들 수 있다.[11] 로스앤젤레스에 있는 국제성서교회는 백인, 흑인을 비롯하여 14개 국가 신자들이 모였다. 처음부터 이 교회는 모든 민족에게 문을 열었다. 그들은 단일문화로 형성된 교회에 만족하지 않았고, 그들 자신의 문화를 넘어서는 것을 영적 성숙함으로 보았다. 그들은 다인종교회를 성경의 성취로 이해했다. 그들이 지닌 두 가지 우선권은 첫째 복음을 모든 민족에게 전파하는 것이고, 둘째는 제자훈련이다. 이 교회는 교회성장신학에 기반을 둔 다인종교회이다.

이에 반해 시카고에 위치한 우리구원의반석교회는 아프리칸, 아메리칸 중심의 다인종교회이다. 이 교회는 하나님과 화목하고 화목하게 하는 직책을 감당하는 것을 중요시한다. 즉, 흑인과 백인 사이의 장벽을 무너뜨

10. Sjef Kuppens, "Missionary Pastoral Activity with Immigrants, The Hague, The Netherlands," in *Petit Echo*, No. 947(2004/1), pp. 19-24.
11. Manuel Ortiz, *One New People : Models for Developing a Multiethnic Church*(Illinois, IVP Academic, 1996), pp. 91-105.

리고 상처를 치유하는 일이 중요한 관심사이다. 관계를 형성하기 위해서는 노력이 필요하지만 또한 갈등을 초래한다. 그런 갈등에도 불구하고 인종적 화해를 위해 의도적으로 활동하는 것이 필요하다. 흑백 사이에 불신이 존재하지만 교인들은 신실해야 한다. 그런데 신실함은 또한 연약함이 되기도 한다. 왜냐하면 자신의 생명을 타인에게 열어 자신의 삶에 대해 솔직히 이야기해야 하기 때문이다. 상대방에게 민감함은 상대방을 존경함에서 비롯된다. 또 서로는 서로에게 의존되어 있음을 알아야 한다. 그리고 상대방의 요구를 우리 요구보다 앞세워야 한다. 우리의 회개와 용서는 상대방으로 하여금 자신을 강화시키도록 한다. 이처럼 만민이 기도하는 집으로서의 다인종교회도 지향점에 따라 교회 성장으로 나아가거나 인종 간 화해를 지향하는 등 하나님의 나라를 지향할 수 있다.

그런데 한국교회가 만민이 기도하는 집으로서의 다문화교회, 다인종교회를 이루는 데 장애물은 무엇일까? 가장 큰 문제의 하나는 인종차별이다. 유럽에서는 인종차별로부터 외국인혐오증(Xenophobia)으로 넘어갔다. 즉, 인종차별이 주로 과거의 식민지와 관련해서 일어난 차별적 현상이라면, 외국인혐오증은 지구화, 세계화 현상으로 노동력이 국제적으로 이동하면서 생긴 현상이다. 또 인종주의는 '우월하다'는 점에 바탕을 둔 반면에, 외국인혐오증은 '다르다'는 점에 바탕을 두고 있다.[12] 그러나 한국 사회의 상황은 유럽과는 다르다. 우리에게는 식민지가 없었고, 외국인혐오증이라고 하면 한국에 사는 모든 외국인에 대한 혐오가 되어야 하는데 실제로는 외국인 이주노동자, 그 가운데에서도 우리와 피부 색깔의 차이가 많이 나거나 외모가 다를 때 차별이 심하다. 따라서 이런 현상은 외국인혐오증으로 다루기보다는 인종차별로 다뤄야 한다.

교인들이 인종차별을 한다면 어떤 문제가 생기는가? 인종차별은 어느

12. 김세균, "유럽의 제노포비아 현상, 어떻게 연구할 것인가?," 김세균 외 5인 지음, 「유럽의 제노포비아-세계화 시대의 인종갈등」(서울 : 문화과학사, 2006), pp. 14-17.

한 인종이 자신을 우월하게 여기고, 다른 인종이 열등하다고 볼 때 일어난다. 이러한 주장은 객관적 사실로 입증될 수 없고 오직 신앙적 선언일 뿐이다. 바꿔 말하면 "인종차별은 믿으려는 의지의 표현"이다. 인종차별의 신학적 함의는 하나님의 창조에서 실수가 이뤄져 퇴출되어야 할 인종(out-race)이 나오거나, 아니면 이들 인종은 이중 타락의 희생자라는 것이다. 즉, 흑인은 아담의 타락 이후 모든 인간이 공유하는 하나님의 저주를 받았을 뿐 아니라 함의 자손으로서 둘째 저주(인종적 저주)도 받았다는 것이다. 이런 두 가지 주장은 모두 신학적으로 지지될 수 없다. 인종차별에 대한 자연주의적 접근(인간은 육체, 유전적 구조라는 입장)이나, 정치적 행동 계획(내 인종을 영화롭게 하고, 타 인종의 생명을 단축시키려는 권력의지)이나, 역사철학(우월한 인종만이 역사에서 진보를 나타내고 다른 열등한 인종은 우월한 인종의 길을 따라가야 함.)은 모두 인간이 하나님의 형상으로 지음 받았음을 부인한다는 점에서 동일하다.[13] 한국교회는 이주노동자들과 더불어 하나의 신앙공동체를 이루는 길을 모색하고 이를 위해 신앙교육을 받아야 한다.

우리와 문화와 역사가 다른 자들과 하나의 신앙공동체를 이루기 위해서는 그들이 지닌 다양한 문화적, 역사적 배경과 세계관을 이해하여 그들과 의사소통을 해야 하고, 신앙공동체를 이루도록 해야 한다. 또 이주노동자들과의 만남에는 예측 불가능한 일이 많기 때문에 성령의 사역에 대해 열린 자세를 지녀야 한다.[14]

2. 이주민선교에서 가장 큰 장애물은 무엇입니까? 어떻게 극복할 수 있습니까? 우리 교회가 바로 실천할 수 있는 이주민선교에 대해 이야기해 봅시다.

---

13. George D. Kelsey, *Racism and the Christian Understanding of Man*(New York : Charles Scribner's Sons, 1965), pp. 24-35.
14. 로저 그린, "도시선교사역에로의 여정," 「선교와 신학」(제10집, 2002), pp. 120-141.

이주민선교의 가장 큰 장애물은 그들에 대한 우리의 선입견, 편견이다. 이를 극복하기 위해 필요한 것이 출애굽 정신이다. 한국 문화와 한국교회 문화로부터 일정 정도 거리를 두도록 해야 한다. 이것은 이주민의 문화를 배움으로써 가능하다. 세상 문화로부터 탈중심적이 되는 것은 하나님 나라에 가까이 가는 길 중 하나이다.

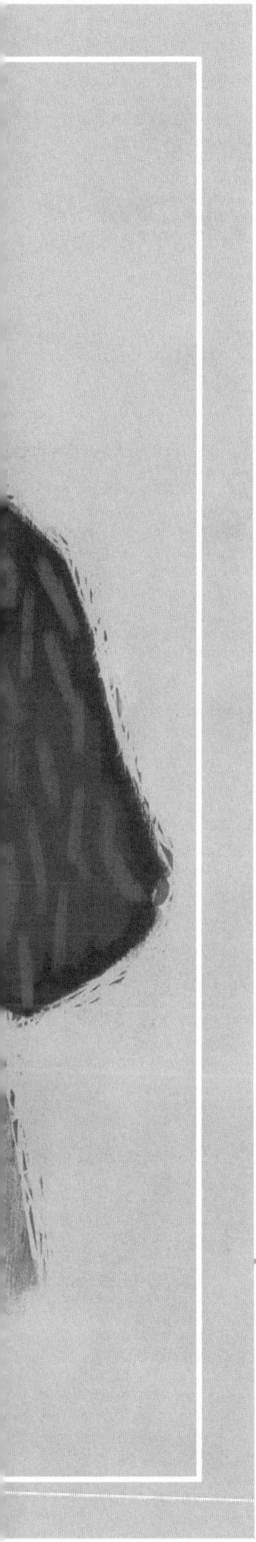

12과

풍성한 생명 :
화해와 용서, 그리고 치유

12과 풍성한 생명 : 화해와 용서, 그리고 치유

본문말씀 누가복음 15 : 11~32

> **오늘의 말씀**
> "곧 하나님께서 그리스도 안에 계시사 세상을 자기와 화목하게 하시며 그들의 죄를 그들에게 돌리지 아니하시고 화목하게 하는 말씀을 우리에게 부탁하셨느니라"(고후 5 : 19).

수업목표 본 과를 통해서 인도자는 학습자에게

1. 화목의 진정한 의미를 깨닫게 한다.
2. 하나님이 우리에게 주신 화목의 선물은 우리에게 화목의 직분을 감당하라는 하나님의 요구임을 깨닫게 한다.
3. 자비함, 관대함이야말로 화해, 용서, 치유의 길임을 깨닫게 한다.

세상 바라보기

추운 겨울날 고슴도치 한 쌍이 어찌나 추운지 서로의 몸을 붙여서라도 몸을 따스하게 하려 하였다. 그러나 이렇게 해도 저렇게 해도 가시 때문에 어떻게 해 볼 도리가 없었다. 그들은 하는 수 없이 서로 떨어져 매서운 추위를 견뎌야만 했다.

1. **생에 대하여 염세주의적 시각을 가졌던 철학자 쇼펜하우어가 인간관계에 대해 고슴도치의 예를 들어 "멀리 떨어져 있으면 쓸쓸하고, 가까이 가면 상처를 받는 관계"라고 설명했습니다. 왜 우리는 친한 사이일수록 서로 간에 많은 상처를 안고 살아갑니까?**

어느 도시에 경쟁관계에 있던 장사꾼 두 사람이 있었다. 두 사람의 가게는 서로 마주보고 있었다. 이들은 아침에 눈 뜨고 일어나 밤에 잠들 때까지 어떻게 하면 상대방을 망하게 할까 하는 데만 신경을 썼다. 보다 못한 하나님께서 어느 날 천사를 한쪽 상인에게 보내셨다. 두 사람을 화해시키려고 천사는 이런 제안을 했다. "하나님께서 그대에게 큰 선물을 내릴 것이오. 그대가 재물을 원하면 재물을, 장수를 원하면 장수를, 자녀를 원하면 자녀를 줄 것이오. 단 조건이 하나 있소." 천사는 잠시 말을 멈춘 다음 말을 계속했다. "그대가 무엇을 원하든 그대 경쟁자는 두 배를 얻게 될 것이오. 그대가 금화 10개를 원하면 그는 금화 20개를 얻게 될 것이오." 천사가 미소를 지으면서, "이제는 화해하시오. 하나님은 이런 방법으로 그대에게 교훈을 주려는 것이오."라고 말하였다. 천사의 말을 들은 상인은 한참 생각하더니, "제가 무엇을 바라든지 다 그렇게 이뤄진다는 말씀이지요?" 하고 물었다. 천사가 그렇다고 하자 상인은 크게 숨을 쉬고는 결심한 듯이 말하였다. "그럼 제 한쪽 눈을 멀게 해 주십시오."

2. **왜 용서하기가 힘듭니까? 용서했다고 하지만 용서한 지 오래된 후에도 상처가 여전히 남아 있고, 사실은 용서하지 못한 경우도 있습니다. 혹시 내 안에 '상처의 텃밭', 즉 '상처를 낳는 텃밭'을 품고 살지는 않습니까?**

세상에서 성경으로

누가복음 15장의 세 비유는 '기쁨'(6-7, 9-10, 23-24, 32절)과 '잃음과 찾음'(6, 9, 24, 32절)과 회개(7, 10, 18절)를 그 중심 내용으로 한다. 하지만 누가복음 15장의 세 비유들은 타락과 회개라는 윤리적 모티프로 전용되어서 '길 잃은 양', '방황하는 양', '방탕한 아들', 곧 '죄인'을 상징하는 비유로 이해되었다. 잃은 양의 비유(눅 15 : 3-7)는 마태복음(18 : 10-14)에서도 그 병행을 찾을 수 있다. 마태복음과 누가복음의 가장 큰 차이점은 "이와 같이 하늘에서는 회개할 필요가 없는 의인 아흔아홉보다 회개하는 죄인 한 사람을 두고 기뻐할 것이다."라는 말이 누가복음에만 있다는 것이다. 잃은 은전을 찾는 비유에서도 잃어버린 은전 자체가 타락했다거나 회개를 한다고 할 수 없지만, "내가 너희에게 이르노니 이와 같이 죄인 한 사람이 회개하면 하나님의 사자들 앞에 기쁨이 되느니라"(눅 15 : 10)라는 적용문을 가진다. 탕자의 비유 역시 누가는 회개하는 죄인들에 대한 예수님의 반응을 반영하는 비유로 이해한 것 같다. 탕자의 비유는 그 이후 해석의 역사에 있어서 더 많이 회개하는 죄인의 본보기로 이해되었다. 이처럼 죄인의 회개 모티프는 누가복음의 특징적 표현이다(눅 5 : 32-7 : 39 ; 15 : 7).

이 비유를 단순히 윤리의 상실(타락)과 윤리의 회복(회개)으로 해석하는 것은 원래의 의미를 축소화 내지 왜곡시키는 것이다. "그는 잃었다가 얻었다."(눅 15 : 24, 32)라는 표현은 윤리적 회개의 표현이 아니다. "죽었다."라는 것은 아들의 입장에서 삶의 상실을 의미하고, "살아났다."는 것은 삶의 회복을 뜻한다. 이 비유 역시 앞의 두 비유와 마찬가지로 잃음의 안타까움과 찾음의 기쁨을 나타내는 비유라고 판단된다.

초기 그리스도인들은 그들 자신의 선택된 신분에 대한 자기이해로써 이 비유를 사용하였다. 하지만 문제점은 그들이 자신을 둘째 아들과 동일시하였고, 이스라엘을 첫째 아들과 동일시했다는 점이다. 이러한 이해는 본 비유에 적절하지 못하다. 이 비유는 형제간의 경쟁 이야기의 유형이 아니다. 이 비유는 야곱과 에서의 이야기와는 분명히 다르다. 이 비유에서 첫째 아들의 운명은 에서의 운명과 같지 않다. 그는 아버지로부터 미워함을 받지 않았고, 둘째 아들이 장자의 몫을 받은 것도 아니다. 사실, 첫째 아들은 상속자로서 아버지의 모든 것을 가졌다. "……내 것이 다 네 것이로되"(눅 15 : 31). 이 비유에서 아버지는 어느 하나의 손을 들어 주는 자가 아니라, 둘 모두를 받아들인다.

이 비유의 주인공은 두 아들이 아니라, 바로 아버지이다. 그렇다면 이 비유는 두 아들을 가진 아버지의 비유이다. 아버지가 주인공인 이 비유는 형제간의 갈등이라는 전통적인 민간전승을 그 주제로 하는 것이 아니다. 이 비유는 그의 아들들을 잃지 않으려는 아버지의 이야기이다. 당시의 다른 문헌들과 비교해 볼 때, 이 비유는 분명히 도덕적 문제들을 다루고 있다. 근본적인 도덕적 문제는 탐욕과 관대함이다. 두 아들 모두 형태는 다르지만 탐욕이라는 악의 형태를 나타낸다. 한편 아버지는 덕스러운 중용을 나타낸다. 둘째 아들은 허랑방탕한 삶으로 돈을 탕진하였고, 첫째 아들은 인색한 자이다. 하지만 아버지는 관대한 사람이다. 이 비유는 무엇보다도 아버지의 관대한 행동을 강조한다. 아버지는 아들들에게 재산을 나눠 줌에 있어서도, 둘째 아들이 돌아왔을 때 측은히 받아들임에 있어서도, 기쁨으로 둘째 아들의 돌아옴을 축하함에 있어서도, 심지어 첫째 아들의 불평을 훈계함에 있어서도 관대하다. 이러한 아버지의 모습은 당시의 잣대로 볼 때 분명히 이상한 것이다. 둘째 아들의 요구에 재산을 분배함은 어리석은 행동일 뿐만 아니라, 실제로 아버지 자신의 죽음을 의미한다. 재산을 허랑방탕하게 탕진하고 돌아온 아들을 보고 "달려가 목을 안고 입을 맞춤"도 동양의 아버지의 위엄을 팽개친 행동이다. 아버지는 또한 첫째 아들의 불평에 대해서도 분노하지 않고 "얘야."라고 부르며 그를 달랜다.

이 비유의 핵심은 삶을 상실한 자가 삶을 회복함에 있고, 관계의 위기가 치유됨에 있다. 삶이 회복되고 관계가 치유됨에 있어서 유일한 열쇠는 관대함이다. 아버지는 도덕성에도, 재산에도, 권위에도 관심이 없다. 그의 관심은 두 아들에게 있다. "그는 언제라도 자식들을 위해 자신의 명예를 내팽개칠 각오가 되어 있다." 무엇보다도 비유는 아버지의 관대한 행동을 강조한다. 관대함이야말로 가정에서뿐만 아니라 사회 내에서 사회정의와 화합에 이르는 유일한 길이다. 이 비유에서 예수님은 하나를 희생하면서 다른 하나를 선택하는 묵시문학적 그림이나 세상의 선택을 거부한다. 이 비유는 관대함이야말로 개인과 공동체에 있어서 화해와 용서, 그리고 치유의 근원임을 보여 준다.

이 비유가 말하는 삶의 회복에 있어서의 또다른 중요한 축은 둘째 아들의 돌이킴(눅 15 : 17)과 돌아옴(눅 15 : 20)에 있다. 누가복음 15 : 17의 "스스로 돌이켜"라는 표현은 아들의 삶의 변화에 있어서 가장 중요한 이정표이다. '돌이키다.' 라는 표현은 '정신을 차리다.' (자신에게로 돌아오다.) 라는 뜻으로 소유와 쾌락과 사람에 대한 그의 태도의 변화를 함의한다. "건강한" 그에 대한 언급은 그의 회개의 진정성을 가리키는 표현이다.

화해, 화목에 대한 신학적 이해

누가복음에 언급된 이 비유는 화해, 화목, 용서에 대한 그림 언어이다. 먼저, 화해, 화목의 의미는 교환이 이루어진 후의 화평한 상태를 뜻한다.[1] 따라서 화해, 화목에 있어서 중요한 점은 교환(exchange)과 교환한 후의 상태이다. 바울에게 있어서 화해, 화목의 개념은 특별히 하나님과 인간 사이의 관계에 관한 것으로써 항상 하나님의 의향 혹은 하나님의 경륜을 가리킨다.[2] 하나님과 인간 사이의 관계에 있어서 하나님은 화해, 화목의 능동적 주체이며, 인간은 화목을 받은 자이다.[3] 하나님은 화해, 화목의 능동적 주체로서 우리를 그리고 세상을 자신과 화목하게 하셨다. 그 결과 우리는

1. G. Kittel, *TDNT*, vol. I(Grand Rapids : Eerdmans, 1968), p. 258.
2. G. Kittel, *TDNT*, vol. I, pp. 255, 258.
3. G. Kittel, *TDNT*, vol. I, p. 255.

하나님과 화해, 화목하게 되었다.

하나님과 우리의 화목은 하나님의 아들의 죽으심으로 말미암아 일어났다(롬 5 : 10). 하나님이 그의 아들을 죄로 삼으심으로 우리는 그 안에서 하나님과 화목하게 된 것이다.

> "곧 우리가 원수 되었을 때에 그의 아들의 죽으심으로 말미암아 하나님과 화목하게 되었은즉 화목하게 된 자로서는 더욱 그의 살아나심으로 말미암아 구원을 받을 것이니라"(롬 5 : 10).

> "하나님이 죄를 알지도 못하신 이를 우리를 대신하여 죄로 삼으신 것은 우리로 하여금 그 안에서 하나님의 의가 되게 하려 하심이라"(고후 5 : 21).

이러한 화목의 사건은 우리 자신의 유익만을 위해 일어난 사건이 아니다. 왜냐하면 화목은 교환을 요구하기 때문이다. 그러한 이유로 화목의 사건은 우리로 하여금 하나님의 의(justification)가 되며, 화목의 직분을 담당하기를 요구한다.

> "하나님이 죄를 알지도 못하신 이[예수 그리스도]를 우리를 대신하여 죄로 삼으신 것은 우리로 하여금 그 안에서 하나님의 의가 되게 하려 하심이라"(고후 5 : 21).

> "곧 하나님께서 그리스도 안에 계시사 세상을 자기와 화목하게 하시며 그들의 죄를 그들에게 돌리지 아니하시고 화목하게 하는 말씀을 우리에게 부탁하셨느니라"(고후 5 : 19).

지적한 바와 같이, 화목은 교환이 이루어진 후의 상태로써 하나님과 인간 사이의 관계에 있어서 변화나 갱신을 의미한다. 그러므로 화목은 인간 자신의 상태의 변화나 새로움을 함의한다. "그런즉 누구든지 그리스도 안에 있으면 새로운 피조물이라 이전 것은 지나갔으니 보라 새 것이 되었도다"(고후 5 : 17). 고린도후서 5 : 17과 마찬가지로 로마서 5 : 10에서도 역시 화목은 극명한 변화를 함의한다. 우리는 이제 더 이상 "연약한 자"도, "경건하지 않는 자"(롬 5 : 6)도, "죄인"(롬 5 : 8)이나 "원수"(롬 5 : 10)가 아니라, 하나님의 사랑이 우리의 마음에 부은 바 된 자이다(롬 5 : 5).

주목할 것은 하나님은 죄인을 다루실 때 단순히 법적 수준에서만 머무는 것이 아니라, 칭의를 받고 용서를 받은 사람과의 개인적인 관계 속으로 들어가서 그를 인격적인 수준에서 다루신다는 것이다.[4] 다시 말하면, 이 변화는 단순히 인간의 기질의 변화나 하나님과의 법적인 관계만의 변화가 아니라 삶에 있어서의 전적인 변화를 의미한다. 김창락 교수에 따르면, "이 변화는 인간이 자기가 손수 지은 옷을 벗어 버리고 하나님이 주신 옷으로 갈아입은 일과 같은 사사로운 신상의 변화를 뜻하지 않는다. 그에게 일어난 변화는 의복이 아니라 그의 존재 자체이다."[5]라고 한다.

그러므로 화목은 은혜 가운데 다시금 인간을 돌아보는 하나님의 태도를 말한다(마카비서 2서 5 : 20 ; 롬 5 : 9). 모든 면에서 화목은 인간을 향하신 하나님의 은혜요, 구원의 선물이다. 하지만 이러한 화목의 선물은 우리에게 화목의 직분을 감당하라는 하나님의 요구이기도 하다. "……너희는 하나님과 화목하라"(고후 5 : 20). 구체적으로 예수님은 온전, 자비라는 말로써 하나님이 '아바'(아빠)가 된 하나님의 자녀들의 새로운 삶, 즉 하나님의 형상인 인간의 새로운 삶을 규명하신다. 예수님은 폭력과 죽임의 문화를 뛰어넘는 길은 바로 하나님의 자비, 관대하심에 근거한 생명의 문화를 창달함에 있음을 간파하셨다.

1. 이 비유는 전통적으로 "탕자의 비유"로 알려져 왔습니다. 이 제목은 이 비유에 적절합니까? 적절하다면 둘째 아들의 어떤 점이 그를 이 비유의 주인공으로 만듭니까? 만일 그렇지 않다면, 당

---

4. 마샬, 「신약성서신학」, p. 362.
5. 김창락, "바울의 칭의론 바로 알기," 제4회 은성강좌, 「전통과 해석 자료집」, p. 49.

신은 이 비유의 주인공을 누구라고 생각합니까? 이 비유의 제목을 다시 붙여 봅시다.

탕자의 비유로 알려진 이 비유는 회개하는 죄인의 본보기로 이해되었다. 하지만 이 비유를 단순히 윤리의 상실(타락)과 윤리의 회복(회개)으로 해석하는 것은 원래의 의미를 축소화 내지 왜곡시키는 것이다. "그는 잃었다가 얻었다."(눅 15 : 24, 32)라는 표현은 윤리적 회개의 표현이 아니다. "죽었다." 라는 것은 아들의 입장에서 삶의 상실을 의미하고, "살아났다."라는 것은 삶의 회복을 뜻한다. 이 비유 역시 앞의 두 비유와 마찬가지로 잃음의 안타까움과 찾음의 기쁨을 나타내는 비유라고 판단된다. 잃음의 안타까움과 찾음의 기쁨을 보여 주는 것은 아버지의 행동이다. 따라서 이 비유의 제목으로 "두 아들을 향한 아버지의 비유"가 더 좋겠다.

2. 비유에서 각각의 주인공의 성격에 어울리는 도덕성을 찾아봅시다(예 : 방탕함, 인색함). 그리고 당시의 사회문화적 관점에서 아버지의 '이상한' 행동을 살펴봅시다. 이러한 아버지의 행동을 어떻게 평가할 수 있습니까?

둘째 아들 : 허랑방탕, 탐욕
첫째 아들 : 인색함, 탐욕
아버지 : 관대함.
아버지는 아들들에게 재산을 나눠 줌에 있어서도, 둘째 아들이 돌아왔을 때 측은히 받아들임에 있어서도, 기쁨으로 둘째 아들의 돌아옴을 축하함에 있어서도, 심지어 첫째 아들의 불평을 훈계함에 있어서도 관대하였다.

3. 이 비유에서 화해와 용서, 그리고 치유의 사건이 일어났습니까? 그렇다면 어떻게 그것이 가능했습니까? 다시 말해 어떻게 화해와 용서, 치유의 사건이 일어날 수 있었는지 나누어 봅시다.

아버지의 관대함과 아들의 돌아옴(회개)으로 말미암아 화해와 용서, 치유가 가능했다. "건강한"이라는 표현은 둘째 아들의 화목된 상태를 가리킨다. 주목할 것은 아버지의 어리석을 정도의 관대함이다. 아버지는 도덕성에도, 재산에도, 권위에도 관심이 없다. 그의 관심은 오직 두 아들에게 있다. "그는 언제라도 자식들을 위해 자신의 명예를 내팽개칠 각오가 되어 있다." 무엇보다도 비유는 아버지의 관대한 행동을 강조한다. 관대함이야말로 가정에서뿐만 아니라 사회 내에서 사회정의와 화합에 이르는 유일한 길이다. 이 비유에서 예수님은 하나를 희생하면서 다른 하나를 선택하는 세상의 선택을 거부한다. 이 비유는 관대함이야말로 개인과 공동체에 있어서 화해와 용서, 그리고 치유의 근원임을 보여 준다.

성경에서 실천으로

1. 왜 죽음, 죽임의 문화가 세상에 팽배해져 있습니까?

인간 내면의 근본적인 폭력적 공격 본능과 차별성, 그리고 자본주의 경제체제 위에 세워진 능력 위주의 현대 문명 때문이다.

2. 우리의 삶에 있어서 화해와 용서, 치유가 필요한 이유는 무엇입니까?

고통과 상처로 인한 분노는 계속되는 괴로움의 악순환을 만들어 내어 우리를 죽음으로 몰고 간다. 참된 생명은 죽음으로부터의 자유이다. 모든 면에서 화복은 인간을 향하신 하나님의 은혜요, 구원의 선물이다. 이러한 화목의 선물은 우리에게 화목의 직분을 감당하라는 하나님의 요구이기도 하다.

3. 화해, 화목이라는 말의 개념을 정의해 보면서 화해와 용서, 치유에 있어 필요한 것은 무엇인지 나누어 봅시다.

화해, 화목의 의미는 교환이 이루어진 후의 화평한 상태를 뜻한다. 따라서 화해, 화목에 있어서 중요한 점은 교환(exchange)과 교환한 후의 상태이다. 다시 말해서 화목은 교환이 이루어진 후의 상태로써 하나님과 인간 사이의 관계에 있어서 변화나 갱신을 의미한다. (아버지의) 관대함과, 둘째 아들같이 정신을 차리고 집을 향해 발걸음을 옮기는 돌아섬(회개)의 결단이 요구된다.

4. 함께 기도하기 혹은 공동의 기도문을 작성해 봅시다.

생각하기

짧고 귀한 인생길을 걸어가면서 우리는 서로에게 도움과 위로가 되는 관계를 얼마나 원하고 있는가? 그러나 이런 바람에도 불구하고 우리는 얼마나 자주 관계의 단절과, 용서하지 못해서 받는 고통을 경험하고 있는가? 가정을 돌보지 않는 아버지, 자식을 학대하는 부모, 배우자의 외도, 고부 갈등, 사기를 친 친구 등 대부분의 사람들은 가장 가까운 이들 혹은 사랑하는 이들로부터 쉽게 상처를 받는다. 그러한 고통과 상처는 쉽게 아물지도 않을 뿐만 아니라, 상처 입은 이들의 자아에 머물러 분노와 계속되는 괴로움의 악순환을 만들어 낸다.

그러나 문제는 우리가 용서하지 않는 한 우리 안에 깊이 박힌 분노, 집착, 증오의 번뇌가 우리의 삶을 늘 괴롭힌다는 것이다. 대부분의 사람들은 그 고통과 상처를 이겨 내기 위해 노력하고 있지만, 어느 한순간 상처로 인한 아픔과 슬픔 앞에서 너무 쉽게 무력해지는 나약한 자신을 보곤 한다. 사탄의 계략은 용서하지 못하게 함으로써 늘 어두움에 머물게 한다. 상처를 갖고 살아가는 것은 자신의 감정을 억압하고, 우울증과 분노의 쓴 뿌리 속에서 자기 연민을 갖고 살아가게 한다. 그 길은 절대로 우리를 건강과 행복의 길로 인도하지 못한다. 오히려 더 깊은 고뇌에 빠지게 할 뿐이다.

그렇다면 용서하는 일이 왜 이렇게 괴로우리만치 힘든 것일까? 그것은 인간의 본성으로는 진정 용서하기가 힘들기 때문이다. 용서했다고 하지만 용서한 지 오랜 시간이 지난 후에도 상처는 여전히 남아 있고, 사실은 전혀 용서하지 않은 경우가 많다. 따라서 하나님의 은혜가 필요하다. 오직 참된 용서만이 비은혜의 사슬을 끊고 비난과 고통의 악순환을 중단시킬 수 있다. "형제들이여, 우리 서로 가까이 다가앉자. 우리를 떼어 놓는 모든 것을 잊어버리자. …… 우리가 계속 가질 수 있는 행복, 유일한 행복이 이 세상에 있다면 그것은 우리가 서로를 이해하면서 사랑하는 것뿐이다"(로맹 롤랑).